Christine Friepes

Gute Erörterungen schreiben

Deutsch 9./10. Schuljahr

MANZ VERLAG

7. Auflage 2008
Manz Verlag

Lektorat: Peter Süß, München
Herstellung: Karin Schmid, Baldham
Illustrationen: leo58, München
Umschlagkonzept: KünkelLopka, Heidelberg
Umschlagfoto: Fotostudio Maurer, Bamberg
Druck: Finidr s.r.o., Český Těšín

ISBN: 978-3-7863-1059-4

www.manz-verlag.de

Tipps zum Training mit diesem Buch

Du lernst hier die verschiedenen Arten der Erörterung kennen, die du im 9. und 10. Schuljahr an weiterführenden Schulen brauchst.

Die Vorteile dieses Buches auf einen Blick:

- ✗ Es zeigt dir, worauf es bei den verschiedenen Erörterungsarten ankommt.
- ✗ Es führt dir in Musteraufsätzen vor, wie du deine eigenen Erörterungen erfolgreich gestalten kannst.
- ✗ Es gibt dir einen Fragenkatalog an die Hand, mit dessen Hilfe du die meisten Themen sicher bearbeiten kannst.
- ✗ Es bietet dir immer wieder Zusammenfassungen über den erarbeiteten Stoff – zum bequemen Nachschlagen und Wiederholen.
- ✗ Es bringt einen Überblick über typische Erörterungsthemen.

Jede Erörterungsart wird durch ein geeignetes Aufsatzbeispiel eingeführt, das von einer Schülerin oder einem Schüler des 9./10. Schuljahres geschrieben wurde. Dieses Muster ist in allen Arbeitsschritten komplett ausgearbeitet. Du hast also die Möglichkeit, jeden Schritt genau nachzuvollziehen. Dabei kannst du jede Phase der Durchführung zuerst selbst vornehmen, bevor du die Vorschläge im Buch durcharbeitest und mit deinen Ideen vergleichst.

Die Themen steigen im Schwierigkeitsgrad. Es geht los mit einfachen Themen, dann vertiefst du dein Wissen und bearbeitest schließlich Themen für Fortgeschrittene. Dieser Aufbau durchzieht jeweils die beiden großen Kapitel zur linearen und zur dialektischen Erörterung. Ganz am Ende des Buchs gibt es einen Ausblick auf Zitatthemen, die vor allem in der Oberstufe vorkommen.

Dieses Buch kannst du während des ganzen Schuljahres verwenden. Stehst du schon kurz vor einer Prüfung, so eignet es sich zur Wiederholung und zur Vertiefung deines Wissens. Wir wünschen dir viel Erfolg!

Für die Entwürfe zu den Aufsatzbeispielen danke ich an dieser Stelle allen beteiligten Schülern. Besonders unterstützt hat mich Lara Weber. Mitgearbeitet haben außerdem Dieter Jäckel, Sonia Perez Hallerbach, Martin Rohbogner und Simone Schreiner.

Inhalt

A Die Erörterung – Fragen und Antworten

1 Was ist eine Erörterung?

Erörtern heißt, einen Sachverhalt von allen Seiten beleuchten. Das ist eine ganz alte Form der geistigen Auseinandersetzung mit verschiedenen Standpunkten.

Schau dir einmal folgende Alltagssituation an. Herr Maier trifft auf der Straße einen Bekannten und erzählt ihm ziemlich aufgeregt, worüber er sich ärgert:

„Dass die den Schülern erlauben wollen, gegen die Einbahnstraße von der Schule nach Hause zu fahren, das ist wirklich ganz großer Mist! Das kann doch nur diesen Schwachköpfen vom Gemeinderat einfallen. Ich jedenfalls werde weiterhin jeden Schüler anbrüllen, der mir in der Einbahnstraße entgegenkommt, das kannst du mir glauben!"

Das ist doch mal eine klare Aussage. Wir wissen jetzt genau Bescheid, was Herr Maier zu den neuen Maßnahmen meint. Ob seine Vorgehensweise wohl auch für uns geeignet ist?

Hören wir jetzt bei Frau Huber zu, die mit einem befreundeten Polizisten spricht:

„Ich bin dagegen, dass man den Radfahrern das Fahren gegen die Einbahnstraße erlauben will. Denn dadurch erhöht sich die Unfallgefahr enorm. Vor der Schule verläuft doch eine Einbahnstraße und wir wissen alle, dass Kinder im Straßenverkehr nicht so gut aufpassen. Bedenkt man, was für ein Verkehr dort immer ist – allein das zeigt, dass der Plan nicht Wirklichkeit werden darf."

Eine leichte Aufwärmübung: Wie unterscheiden sich die beiden Aussagen? Untersuche sie nach folgenden Gesichtspunkten und kreuze an.

	Herr Maier	Frau Huber
a) Welche Äußerung wirkt sachlich und durchdacht?	❐	❐
b) Welche Aussage enthält eine Begründung?	❐	❐
c) Welche Aussage ist stark gefühlsbetont?	❐	❐
d) Welche Äußerung ist überzeugender?	❐	❐

Eine Aussage ist nur dann überzeugend, wenn sie sachlich und durchdacht wirkt. Sie sollte außerdem die Meinung des Sprechers begründen.

Aus früheren Schuljahren weißt du schon: In Aufsätzen, in denen du zu einem Thema Stellung nehmen solltest, ging es meist darum, eine Meinung zu formulieren, sie zu begründen und mit guten Beispielen zu untermauern.
Um diesen Dreischritt geht es auch bei der Erörterung. Anders als bei einer Stellungnahme spielt die eigene Meinung hier allerdings eine untergeordnete Rolle. Sie taucht nur indirekt in der Anordnung der verschiedenen Gesichtspunkte oder in der Schlussbemerkung auf.

Fassen wir zusammen

Erörtern bedeutet, sich über ein Problem klar zu werden, es zu formulieren und es dann in einen größeren Zusammenhang zu stellen.

2 Was ist der Zweck einer Erörterung?

Zweck der Erörterung ist es, einen strittigen Sachverhalt rational darzulegen und dabei für einen nicht informierten Leser Material zu sammeln. Dieser Leser soll also Hilfestellung bekommen bei dem Versuch, zu einer bestimmten Frage eine fundierte und wohl durchdachte Position zu beziehen. Dazu muss er aber verschiedene Aspekte kennen lernen, unter denen ein Thema betrachtet werden kann.

Du sollst nun als Verfasser kein persönlich-subjektives Bekenntnis abliefern, sondern Behauptungen aufstellen. Diese Behauptungen stehen jedoch nicht allein (wie im Beispiel von Herrn Maier), sondern sie werden gestützt durch nachvollziehbare Begründungen. So werden sie für den Leser annehmbar und können eine Entscheidungshilfe für ihn sein.

Du wendest hier vielleicht ein: Warum soll ich eigentlich mehrere Seiten darstellen? Später ist es doch wichtiger, andere von der Richtigkeit meines (einen) Standpunktes zu überzeugen.

Cicero, ein berühmter römischer Redner und Rechtsanwalt, hat sich damit beschäftigt, wie man das Gericht auf seine Seite zieht. Er sagte, ein guter Redner müsse umfassend gebildet sein. Außerdem müsse er auf alle Einwände gefasst sein und sie parieren können. Er nannte das „refutatio“ (= Zurückweisung). Cicero war übrigens ein sehr erfolgreicher Anwalt.

Schüler sollen ja, wie du weißt, zu unabhängigem und kritischem Denken erzogen werden. Dazu gehört ganz wesentlich, andere Standpunkte zu erfassen, zu durchdenken und deren Stärken und Schwächen zu erkennen.

Fassen wir zusammen

Zweck der Erörterung ist die umfassende und rationale Darstellung unterschiedlicher Gesichtspunkte, unter denen man ein Thema betrachten kann. Ziel: Der nicht informierte Leser soll Argumente und eine Hilfe dabei erhalten, eine wohl durchdachte Position einzunehmen.

3 Welche Formen der Erörterung gibt es?

Die steigernde oder lineare Erörterung

Du wirst im Unterricht nach und nach an die Erörterung herangeführt. So behutsam geht das auch in diesem Buch. Am Beginn stehen Sachfragen im Rahmen einer steigernden oder linearen Erörterung.

Bei dieser einfachen Form geht es im Wesentlichen um die Beantwortung einer einzelnen Frage.

> Gewalt unter Schülern nimmt zu. Warum ist das so?
> Lege Gründe für das aggressive Verhalten von Schülern dar!

> Immer mehr alte Menschen werden in Heime abgeschoben.
> Warum handeln wir so?

> Rauchen ist unter Jugendlichen wieder „in".
> Welche Gründe gibt es für diese Entwicklung?

> Ursachen des steigenden Alkoholkonsums bei Jugendlichen.

Wo steckt beim letzten Thema die Frage? Ganz einfach – du musst sie selbst formulieren. Wie das geht, lernst du später genauer.
Hier ist das ausformulierte Thema mit Fragestellung:

> Der Alkoholkonsum unter Jugendlichen steigt.
> Welche Ursachen hat dieser negative Trend?

Du siehst: Bei einer linearen Erörterung geht es um die Darstellung von Sachargumenten. Die einzelnen Gesichtspunkte werden nicht einfach aneinander gereiht, sondern nach ihrer Wichtigkeit (= Überzeugungskraft) angeordnet. Bezogen auf den Leser heißt das: Du gibst dem Leser Gründe für einen Standpunkt an die Hand.

Manchmal geht es auch bei der steigernden Erörterung um eine Entscheidung. Schau dir dazu folgende Themen an.

> Viele Jugendliche wollen nicht mehr mit ihren Eltern
> in den Urlaub fahren.
> Welche Position beziehst du zu diesem Thema?
> Begründe deine Meinung!

> Vom Umweltschutz reden alle. Was kannst du persönlich tun,
> um dich umweltfreundlich zu verhalten?

Klar ist: Ein kritisches Abwägen, was für und was gegen den Urlaub mit den Eltern (oder für und gegen den Umweltschutz) spricht, ist nicht verlangt. Es geht nur darum, **eine** Position darzustellen. Einfach, oder? Aber wir sind ja erst am Anfang.

Wie du am letzten Beispiel gesehen hast, sind solche einfachen Fragestellungen sehr nahe an der Stellungnahme. Unterschied:
Die begründete Stellungnahme, die du aus dem 8. Schuljahr kennst, ist meist in einen Rahmen eingebettet (z. B. Leserbrief, Freund oder Eltern überzeugen). Dieser Rahmen fällt bei der Erörterung weg.

Die mehrteilig-lineare Erörterung besteht im Gegensatz zur einfachen Form aus zwei oder mehr Argumentationsketten. Eine Argumentationskette ist eine Aneinanderreihung von Behauptungen und dazugehörigen Begründungen und Beispielen. Wie sieht so etwas bei der Themenstellung aus?

> Experten bestätigen: Kinder und Jugendliche werden immer aggressiver.
> Welche Gründe könnte diese zunehmende Gewalttätigkeit haben und welche Lösungsmöglichkeiten siehst du?
>
> Der Anteil Jugendlicher an den Opfern von Verkehrsunfällen steigt.
> Welche Ursachen siehst du für diese erschreckende Tatsache? Welche Maßnahmen sind geeignet, um Abhilfe zu schaffen?

Die Aufgabe beginnt jeweils mit einer Feststellung. Danach folgt eine zweiteilige Frage; es können auch zwei einzelne Fragen sein, die nacheinander zu beantworten sind. Eine Abwägung ist nicht verlangt. Die Gesichtspunkte (Argumente) werden in zwei Blöcken aneinander gereiht.

Du hast sicher bemerkt, dass der Unterschied zwischen den Begriffen *Gründe* und *Ursachen* sowie *Lösungen* und *Maßnahmen* nicht sehr groß ist. Wie man solche zentralen Begriffe „entschlüsselt", erfährst du im Hauptkapitel zur linearen Erörterung (Seite 17).

Zum Schluss noch ein Themenbeispiel für die sehr selten vorkommende „mehr-als-zweiteilig-lineare" Form der mehrteilig-linearen Erörterung:

> **Nach spannenden Fußballspielen kommt es manchmal zu Krawallen, bei denen Menschen nicht unerheblich verletzt werden.**
> **Welche Ursachen haben solche Fußballkrawalle?**
> **Welche Folgen ziehen sie nach sich?**
> **Welche Gegenmaßnahmen könnten Abhilfe schaffen?**

Auch hier geht es darum, eine Frage nach der anderen abzuhandeln.

Fassen wir zusammen

Bei der steigernden oder linearen Erörterung geht es um Sachfragen, die rational (durch Sachargumente) beantwortet werden sollen. Diese Sachargumente werden steigernd nach ihrer Überzeugungskraft (das wichtigste Argument steht am Ende der Argumentationskette) angeordnet.
Bei der einfachen Form (einteilig-linear) geht es um die Beantwortung einer Sachfrage, bei der mehrteilig-linearen um mindestens zwei Sachfragen.

Die dialektische Erörterung

Sie wird meist als die eigentliche Form der Erörterung angesehen. Bei der linearen Erörterung hast du erfahren, dass es um die Beantwortung von *Sachfragen* geht. Bei der dialektischen Erörterung sollen *Wertfragen* gestellt und beantwortet werden. Du musst den Leser deiner Erörterung so beraten, dass er sich, nachdem er viele Argumente kennen gelernt hat, eine eigene fundierte Meinung bilden kann (siehe auch das Kapitel *Was ist der Zweck einer Erörterung?*).
Die dialektische Erörterung verlangt also von dir die Abwägung von zwei Seiten. Das Für und Wider oder Pro und Contra eines Sachverhalts ist zu beschreiben.

Das Lexikon definiert *Dialektik* so:

> „Methode, durch Denken in Gegensatzbegriffen zur Erkenntnis und zur Überwindung der Gegensätze zu gelangen."

Damit ist auch deine Aufgabe beim Verfassen einer dialektischen Erörterung noch einmal gut erklärt.

Vergiss nicht: Du stehst über allen Argumenten und stellst beide Positionen nur vor.
Trick: Durch geschickte Anordnung der Positionen und Argumente kannst du den Leser allerdings durchaus in die von dir bevorzugte Richtung lenken.

Nun zwei Themenbeispiele für dialektische Erörterungen:

Die Tanzstunde – Anachronismus oder zeitgemäße Veranstaltung?
Führe Gründe an, die für oder gegen die Teilnahme an einem Tanzkurs sprechen!

Computer für Jugendliche: Stelle die Vor- und Nachteile kritisch dar!

Sicher sind dir sofort die wichtigen Gegensatzpaare aufgefallen:
für und gegen, Vor- und Nachteile. Sie helfen dir, die Themenstellung richtig einzuordnen und sie als dialektisch zu erkennen.
Manchmal ist ein Thema noch stärker präzisiert:

Computer für Jugendliche: Stelle die Vor- und Nachteile kritisch dar und berücksichtige dabei Schule und Privatleben!

Durch solche Präzisierungen sollst du keine zusätzlichen Schwierigkeiten bekommen. Im Gegenteil: Es sind Hilfestellungen. Es soll verhindert werden, dass du ohne Ende Allgemeinplätze aneinander reihst.
Eine ähnliche Absicht steckt hinter folgender Themenstellung:

Die Tanzstunde – Anachronismus oder zeitgemäße Veranstaltung?
Führe Gründe an, die für oder gegen die Teilnahme an einem Tanzkurs sprechen!
Nimm auch persönlich Stellung zu diesem Thema!

Das bedeutet, dass deine Meinung im Anschluss an die objektive Darstellung des Sachverhalts gewünscht wird und zur vollständigen Erfüllung der Aufgabenstellung erforderlich ist. Formulierungen, die in die gleiche Richtung zielen, sind zum Beispiel:

... unter Einbeziehung deiner Erfahrungen ...
Bringe Beispiele aus deiner Umgebung.

Das wird aber meist nur in der Anfangszeit der Fall sein, um dir den Zugang zum Thema zu erleichtern.

Fassen wir zusammen

Bei der dialektischen Erörterung geht es um Wertfragen, die rational (durch Sachargumente) beantwortet werden sollen. Es gilt zwei Seiten gegeneinander abzuwägen, was meist in der Themenstellung durch Formulierungen wie *Pro und Contra, Vor- und Nachteile* oder *für und gegen* ausgedrückt wird. Du stehst dabei über der Sache, kannst aber den Leser durch geschicktes Anordnen der Positionen in die von dir bevorzugte Richtung lenken.Deine persönliche Meinung darf nur erscheinen, wenn es die Themenstellung (durch Sätze wie *Nimm persönlich Stellung dazu!*) verlangt.

Zitatthemen und Texterörterung

Der Vollständigkeit halber sollen noch zwei Spielarten der Erörterung erwähnt werden, die sich von ihrer Struktur her jedoch immer unter linear oder dialektisch einordnen lassen.
Zunächst der Bereich der Zitatthemen mit zwei Beispielen:

> „Das Fernsehen ist ein moderner Babysitter, der mit Dauerlutschen sprachlos macht."
> Erörtere Vor- und Nachteile des Fernsehens!
>
> „Sport ist Mord!", sagte Winston Churchill.
> Inwiefern ist dieser Ausspruch zutreffend, was spricht dagegen?

Bei Zitatthemen besteht die Schwierigkeit darin zu erkennen, welches Thema sich hinter dem Zitat verbirgt, was du überhaupt bearbeiten sollst. Zusätzlich zur Aufgabenstellung muss man also auch noch das Zitat auflösen.

Im ersten Beispiel geht es schlicht um das Fernsehen, im zweiten um Sport. „Warum sagen die das nicht gleich?", wirst du dir als leidgeprüfter Schüler denken. Das Zitat ist nur der Aufhänger für das Thema. Zitatthemen machen eben mehr her als „normale" Erörterungsthemen. Durch das Anführen eines Zitats soll die Themenstellung anspruchsvoller gestaltet werden. Das ist auch der Grund dafür, dass solche Themen vorwiegend in den Klassen 11 bis 13 vorkommen.
In diesem Buch stellen wir dir später aber zur Sicherheit ein Zitatthema mit Einleitung und Schluss vor, damit du mit ähnlichen Themenstellungen klarkommst.

Die Texterörterung ist eine Form der Erörterung, die im Anschluss an einen kürzeren oder längeren Text stattfinden soll. Zunächst sucht man Thesen aus dem vorliegenden Text und setzt sich dann in einem zweiten Teil mit ihnen auseinander.
Die Texterörterung kommt in diesem Buch nicht vor. Solche Themen werden erst in den Klassen 11 bis 13 gestellt.

4 Welche Vorarbeiten sind zu leisten?

Nach der langen Vorrede ist dir sicher schon bewusst geworden, dass bei einem Großunternehmen, wie es die Erörterung ja ist, ein genauer Plan aufgestellt werden muss. Dieser Plan hat den entscheidenden Vorteil, dass du immer danach vorgehen kannst.

Eine gute Planung ist wichtig, denn auch Naturtalente im Erörtern – was ohnehin kaum einer ist – können nicht darauf verzichten.

Unser Plan für eine Erörterung besteht aus sechs Arbeitsschritten:

1. Erfassung des Themas
2. Sammlung und Ordnung von Ideen
3. Erstellung einer Gliederung des Hauptteils
4. Ideen für die Einleitung
5. Schlussgedanken
6. Vertextung des Hauptteils

In diesem Buch wirst du außerdem sehen, wie man eine schlüssige und überzeugende Argumentation aufbaut. Tipps zur sprachlichen Gestaltung deines Textes runden das Ganze ab.

5 Wie finde ich das richtige Thema?

Die Auswahl des richtigen Themas ist bereits der erste Schritt zum Erfolg. Aber was ist das richtige Thema? Manchmal liest du die Themenstellung für die Hausaufgabe oder die Prüfungsangabe durch und weißt sofort, welches Thema du bearbeiten willst. Dann ist ja alles klar.

Manchmal musst du dich jedoch mit den zur Wahl stehenden Themen gründlich auseinander setzen, bevor du dich endgültig für eines entscheidest. Meist hast du für das Abfassen einer Erörterung genügend Zeit, um zunächst einmal in Ruhe über die Themen nachzudenken. Diese Zeit ist gut angelegt, wenn du dafür die Gefahr einer Themaverfehlung verringern kannst.
Zwei Gesichtspunkte sollen dir bei deiner Entscheidung für oder gegen ein Thema helfen. Stelle dir, nachdem du alle Themen noch einmal durchgelesen hast, folgende Fragen:

Wo liegen die Tücken des Themas?
Welche Fallen und Schwierigkeiten beinhaltet es?

✘ Manchmal gefällt dir ein Thema, aber beim zweiten Lesen stellst du fest, dass es keinen persönlichen Bezug zu dir hat.

✘ Es hat vielleicht auch Erweiterungen oder Einschränkungen, die es zu aufwendig beziehungsweise uninteressant machen.

✘ Wähle ein klar gestelltes Thema, bei dem du alles verstehst, da sonst die große Gefahr über dir schwebt, nicht das zu schreiben, was das Thema von dir verlangt.

✘ Das gilt auch für Themen, bei denen dir einzelne Begriffe unklar sind. Sitzt du zu Hause, so ist das kein Problem. Du hast sicher ein Lexikon, in dem du unbekannte Begriffe nachschlagen kannst.
Ach ja: Wolltest du nicht gerade den Begriff *Anachronismus* aus dem dialektischen Themenbeispiel zur Tanzstunde nachschlagen?

Was weiß ich über die Probleme, die im Thema angesprochen werden?

- ✘ Manche Themen sprechen dich an, aber du musst dir gegenüber ehrlich zugeben, dass du zu wenig weißt, um eine fundierte Arbeit zu verfassen, die nicht nur aus „heißer Luft" besteht.
- ✘ Manchmal ist es ganz gut, ein Thema, das dir am Herzen liegt, *nicht* zu wählen. Es könnte zum Beispiel sein, dass du gerade Ärger mit deinem Freund / deiner Freundin hast. Dann gelingt es dir vielleicht nicht so gut, dich über das Thema *Freundschaft* zu stellen und mit kühlem Kopf über die Kriterien einer guten Freundschaft nachzudenken.
- ✘ Wenn du persönlich zu sehr in eine Problematik verstrickt bist, kannst du nicht objektiv genug darüber schreiben.

Nachdem du allgemein über die Erörterung informiert bist, machen wir uns nun an die Erarbeitung der beiden großen Erörterungsformen. Dabei gehen wir nach den sechs Arbeitsschritten (siehe Seite 14) vor.

B Die lineare Erörterung

1 Die einteilig-lineare Erörterung

Wir beginnen mit einem einteilig-linearen Thema, das du in ähnlicher Form schon oben im Kapitel *Welche Formen der Erörterung gibt es?* (Seite 9) gesehen hast:

> **Für alte, kranke und sterbende Menschen haben wir heutzutage immer weniger Zeit.**
> **Warum ist das so? Nenne Ursachen für diese Entwicklung!**

1 Erfassung des Themas

Gehen wir davon aus, du hast dieses Thema gewählt,

- weil du dir schon einmal Gedanken dazu gemacht hast,
- weil du in deinem Umfeld Menschen kennst, die davon betroffen sind,
- weil es dich anspricht und du dir jetzt darüber Gedanken machen möchtest,
- weil es von mehreren Themen das kleinere Übel darstellt.

Schön ist es, wenn Pflicht und Neigung zusammentreffen, wie es bei den ersten drei Möglichkeiten der Fall ist.

Im letzten Kapitel hast du schon gesehen, dass jedes Thema Hinweise zur Bearbeitung enthält. Um ein Thema wirklich zu verstehen, solltest du beim Lesen jede Einzelheit beachten. Welche Formulierungen sind vom Themensteller gewählt worden?

Es ist ein wesentlicher Unterschied, ob du über kranke oder über behinderte Menschen schreiben sollst. Du wirst einen anderen Aufsatz schreiben, wenn das Thema über Alte und Kranke in deiner näheren Umgebung geht. Unser Thema ist sehr allgemein gehalten und lässt dir viele Möglichkeiten der Argumentation.

Du hast zwar schon erfahren, dass es jetzt um ein lineares Thema geht. Aber woher weiß man das? Suchen wir zuerst nach Formulierungen, die uns Anhaltspunkte für die Erörterungsform geben.

Begriffe wie: Gründe, Probleme, Lösungen, Lösungsmöglichkeiten, Erklärungen
und Fragen wie: Warum ist das so?
oder Aufforderungen wie: Erkläre!, Begründe!, Untersuche!, Zeige!
sind wertvolle Hinweise auf ein linear gestelltes Thema. Wenn du diese Hinweise erkennst, kannst du davon ausgehen, dass eine lineare Erörterung verlangt ist.

Unser Beispiel oben enthält zwei Hinweise. „Ist das dann nicht eine mehrteilig-lineare Erörterung?", fragst du vielleicht, wenn du das Kapitel A sorgfältig durchgearbeitet hast.
Schauen wir uns die Fragestellung noch einmal genau an:

Warum ist das so? Nenne Ursachen für diese Entwicklung!

Warum ist das so? fragt nach den Gründen. Danach steht die Anweisung: *Nenne Ursachen*. Die Begriffe *Gründe* und *Ursachen* bedeuten das Gleiche. Wir können also davon ausgehen, dass der Themensteller es einfach nur gut gemeint hat und die Anweisung zur Bearbeitung doppelt gibt.

Zerlegen wir das Thema weiter. Wir fragen uns: Welches sind die zentralen Begriffe der Aufgabenstellung? Andere Bezeichnungen für *zentraler Begriff* sind *Themabegriff* oder *Leitbegriff*. Der Themabegriff ist der Begriff in der Themenstellung, der dir sofort ins Auge fällt und der klar den Themenbereich festlegt.

In unserem Beispiel sind das die Wörter *alte, kranke und sterbende Menschen*. Übrigens: Der Themabegriff kann aus mehreren Wörtern bestehen.

Da wir jetzt wissen, worum es geht, müssen wir das Thema weiter für uns erschließen. Es ist ja noch zu klären, welcher Aspekt im Bezug auf Alte, Kranke und Sterbende zu bearbeiten ist. Dabei können die so genannten Schlüsselfragen hilfreich sein. Du kennst sie schon vom Bericht: *wer?, was?, wann?, wie?, warum?*

Für **alte, kranke und sterbende Menschen** haben **wir** heutzutage immer **weniger Zeit.**

Kommen wir noch einmal auf die Arbeitsanweisung zurück, die in der zweiten Zeile der Themenstellung zu finden ist. Du erinnerst dich:

Warum ist das so? Nenne Ursachen für diese Entwicklung!

In dieser Zeile steckt nicht nur der Hinweis auf die lineare Erörterung, sondern die letzte wichtige Information, um die so genannte Themafrage zu formulieren. Die Themafrage lautet also:

Warum haben wir für Alte, Kranke und Sterbende immer weniger Zeit?

Oder als zweite Möglichkeit:

Warum haben wir für alte, kranke und sterbende Menschen so wenig Zeit?

Da wir das Thema als ein Problem der Gegenwart auffassen, spielt es kaum eine Rolle, ob wir einen Ist-Zustand oder eine Entwicklung analysieren.

Du hast jetzt die Themafrage gestellt und bist damit der Lösung deiner Aufgabe einen großen Schritt näher gekommen. Wenn du es nämlich schaffst dein Thema richtig zu analysieren, ist eine Themaverfehlung kaum mehr wahrscheinlich. Die Themafrage hilft uns nicht nur festzustellen, in welche Richtung wir uns Gedanken machen müssen, sie wird auch in der Ausarbeitung wieder auftauchen. Wir kommen später beim Arbeitsschritt ***6*** (*Vertextung des Hauptteils*) darauf zurück.

Fassen wir zusammen

Der Themabegriff (= zentraler Begriff oder Leitbegriff) zielt auf den Kern der Problematik, über die du schreiben sollst. Er sagt dir, worum es geht und weist dir für deine Arbeit die richtige Richtung. Die Analyse des Themabegriffs ist sehr nützlich zur Vermeidung einer Themaverfehlung.

Checkliste

- ☑ Thema genau durchlesen
- ☑ Themabegriff suchen und klären
- ☑ Themafrage formulieren

2 Sammlung und Ordnung von Ideen

An der zweiteiligen Formulierung *Sammlung und Ordnung* siehst du bereits, dass bei diesem Schritt eine Menge zu tun ist. Eigentlich umfasst dieser Schritt zwei gedankliche Leistungen. Zunächst versuchst du, die von dir erarbeitete Themafrage zu beantworten.

Am besten nimmst du ein großes Blatt Papier, schreibst die Themafrage darauf und notierst dann alles, was dir gerade zum Thema *alte und kranke Menschen* einfällt. Bei dieser Stoffsammlung helfen dir folgende praktische Ratschläge:

- ✗ Schreibe deine Einfälle in noch ungeordneter Form auf ein Blatt!
- ✗ Lass dabei einen möglichst großen Rand für spätere Bemerkungen!
- ✗ Vergiss nicht, dass Beispiele aus deinem eigenen Erfahrungshintergrund überzeugender sein können als Allgemeinplätze!

Natürlich hängt die Auswahl der Beispiele letztlich vom Thema ab. Am Anfang fällt es dir leichter, dich an Hand persönlicher Beispiele dem Thema zu nähern. Später, wenn ein größerer Abstraktionsgrad verlangt wird, werden die Beispiele von selbst allgemeiner.

Wenn du ein Einsteiger bei der Erörterung bist, solltest du mit den W-Fragen anfangen:
wer? – wann? – was? – wo? – wie? – warum? – womit? – wohin? – mit welcher Absicht? – mit welcher Wirkung? – zu welchem Zweck?

Diese Fragen sind als erste Hilfestellung gedacht. Du siehst schon, dass nicht immer alle Fragen zutreffen.

In unserem Beispiel passen:

Wer?	→	wir
Wann?	→	heutzutage
Was?	→	immer weniger Zeit
Für wen?	→	für Alte, Kranke und Sterbende

Als Fortgeschrittener bei der Erörterung werden die Themen im Laufe der Zeit anspruchsvoller. Du brauchst dann differenziertere Fragen für deine Stoffsammlung. Mögliche Fragestellungen zur ersten Annäherung an unser Beispielthema für Fortgeschrittene sind:

Möglichkeit I

- ✗ Was sind deine persönlichen Erfahrungen?
- ✗ Was weißt du von deinem näheren Umfeld (Familie, Freunde, Mitschüler) zum Thema?
- ✗ Welchen Stellenwert hat das Thema in unserer Gesellschaft / in der heutigen Zeit allgemein?

Möglichkeit II

- ✗ Welche persönlichen Gründe gibt es?
- ✗ Welche Einflüsse ergeben sich aus dem sozialen Umfeld?
- ✗ Welche politisch-gesellschaftlichen Gründe fallen dir ein?

Mit diesen Hilfsfragen kannst du zunächst einmal jedes Thema angehen. Nebenbei bemerkt: Bei vielen Themen ist auch der finanzielle Aspekt nicht zu vernachlässigen.

Schauen wir uns einmal die Gedanken (= ungeordnete Sammlung) einer Schülerin zu unserem Beispielthema an:

Hilfsbereitschaft ist nichts wert.
Alte sind oft griesgrämig.
Angst vor dem Tod
geringe Bezahlung für Krankenschwestern
genug eigene Probleme
Manchmal gehe ich lieber zum Eisessen als für Oma einzukaufen.
wachsende Zahl alter Menschen (Zeitungsartikel)
Ich will mit Krankheit nichts zu tun haben und treibe viel Sport.

Du erkennst auf den ersten Blick, dass die Gedanken, die die Schülerin sich notiert hat, von unterschiedlicher Qualität sind. Auch sind sie auf verschiedenen Sprachebenen angesiedelt – wie das eben der Fall ist bei einem assoziativen Vorgehen, also bei einem Verfahren, bei dem man alles aufschreibt, was einem gerade zum Thema einfällt. Diese bunte Mischung muss im Folgenden geordnet werden.

Du wirst vielleicht einwenden, dass du für ein solches Brainstorming in einer Prüfung keine Zeit hast. Unser Ziel ist hier aber, dir den ausführlichsten Weg zur gelungenen Erörterung zu zeigen. Wenn du später fit im Erörtern bist, kannst du selbst variieren. Dann wird es dir sicher auch gelingen, gleich mit dem zweiten Teil zu beginnen: mit der Stoffordnung.

Fassen wir zusammen

Die Stoffsammlung beinhaltet assoziativ alle Gedanken, die dir ohne größere Ordnung einfallen. Als Hilfestellung dienen Fragen. Um die Themafrage herum entsteht durch die Antworten ein Netz von Schlagworten oder kleineren Sätzen. Diese Ansammlung von Ideen bedarf noch der Ordnung.

Die Stoffordnung ist die Vorstufe zur Gliederung. Es geht darum – wie der Name sagt –, Ordnung in deine Gedanken zu bringen, die Gedanken übersichtlicher zu gestalten. Manches, was dir beim Stoffsammeln eingefallen ist, wird sich sogar als unbrauchbar erweisen.

Wie du die Stoffsammlung ordnest, bleibt dir überlassen. Einige empfehlen Farbstifte zur Markierung oder Symbole zur Kennzeichnung zusammengehöriger Gedanken. Wenn du bemerkst, dass du einige Gedanken aus deiner Sammlung entfernen musst, empfiehlt es sich, ein neues Blatt Papier zu verwenden.

Überprüfe also jeden einzelnen Gedanken und überlege dir, ob er tatsächlich auf die Themafrage antwortet. Am besten überlegst du dir noch einmal, was du mit den einzelnen Stichpunkten gemeint hast.

Manchmal gehe ich lieber zum Eisessen als für Oma einzukaufen.
Ich will mit Krankheit nichts zu tun haben und treibe viel Sport.

Diese beiden Gesichtspunkte lassen sich zu einem zusammenfassen; der übergeordnete Gedanke könnte so lauten:

große Anzahl von Freizeitangeboten für junge und gesunde Menschen

Wenn du diesen Vorgang für alle deine Notizen wiederholst, steht vielleicht auf dem neuen Blatt:

<u>Ursachen für geringen Zeitaufwand für Alte, Kranke und Sterbende</u>

genug eigene Probleme
große Anzahl von Freizeitangeboten
Angst vor Krankheit und Tod bei vielen Menschen
Hilfsbereitschaft nicht viel wert heutzutage

Übrigens: Deine Lehrerin oder dein Lehrer wird dir bestätigen, dass es nicht auf die Menge an Ideen ankommt. Ausschlaggebend ist die Qualität der gefundenen Punkte. Es lohnt sich fast immer schon, bei der Stoffordnung um gute Formulierungen zu ringen und das, was du ausdrücken willst, auf den Punkt zu bringen.

Fassen wir zusammen

Bei der Stoffordnung geht es darum, aus den gesammelten Ideen die brauchbaren Einfälle zu sortieren sowie übergeordnete und untergeordnete Gesichtspunkte zu erkennen.
Aus den übergeordneten Punkten werden später die Argumente, aus den untergeordneten die Belege.

Tipp: Je gründlicher du diese Arbeiten erledigst, desto leichter fallen dir dann das Verfassen der Gliederung und die Vertextung deiner Argumente.

Checkliste

- ☑ Ideen sammeln
- ☑ Ideen ungeordnet auf ein Blatt Papier schreiben
- ☑ Stoffsammlung gründlich durchlesen
- ☑ Inhaltlich zusammengehörige Punkte zusammenfassen
- ☑ Unbrauchbares aussortieren
- ☑ Ober- und Unterpunkte finden

3 Erstellung einer Gliederung des Hauptteils

Du wirst dir jetzt vielleicht denken: „Das Verfassen einer Erörterung ist eine langwierige Sache!" Das sollte dich jedoch nicht davon abhalten, alle Schritte und Vorschläge auszuprobieren.

Wenn es an die Gliederung geht, sagen einige Schüler immer wieder: „Ich brauche keine Gliederung!" oder „Ich schreibe meine Gliederung, wenn ich den Aufsatz fertig habe!" Natürlich gibt es auch für diesen Bereich ein paar Naturtalente, denen so etwas tatsächlich gelingt. Meistens aber geht das schief! Für uns, das normale Fußvolk, ist die Gliederung eine Hilfe, die nicht ohne Grund ausdrücklich verlangt wird.

Was spricht für das Erstellen einer Gliederung?

- ✗ Bei der Gliederung fällt dir oft noch ein wichtiges Argument ein.
- ✗ Du legst in der Gliederung die Reihenfolge der Argumente fest.
- ✗ Durch die Gliederung erstellst du gleichzeitig einen Schreibplan für deine Vertextung.

Folgende Punkte sollen dir bei deiner Gliederung helfen: Die lineare Erörterung heißt auf Deutsch steigernde Erörterung, das heißt, dass die Stärke (Überzeugungskraft) der Argumente steigen soll. Das stärkste Argument wird an den Schluss gestellt. Warum das so ist? Der Leser soll Schritt für Schritt überzeugt werden. Dabei ist es günstig, wenn du dir das schlagkräftigste Argument für den Schluss des Hauptteils aufhebst. So bleibt es dem Leser besser im Gedächtnis.

Auch bei einer Erlebniserzählung fängst du ja nicht mit dem Höhepunkt an. „Aber man soll doch beraten", wirst du einwenden. Schon, doch es ist nicht verboten, durch rhetorisch geschickte Anordnung ein wenig nachzuhelfen. Du darfst ja auch durch gute Formulierungen glänzen.

Überlege also genau:

- ✗ Welches Argument soll am Anfang stehen, welches am Schluss?
- ✗ Über welchen Punkt weiß ich recht gut Bescheid und kann ihn deshalb zu einem starken Argument ausbauen?
- ✗ Zu welchen Punkten fallen mir überzeugende Beispiele ein?
- ✗ Habe ich einen persönlichen Bezug zu einem bestimmten Argument?
- ✗ Wie schaffe ich es, das Interesse des Lesers zu fesseln und wach zu halten? Zum Teil ist das schon mit der Anordnung der Argumente zu erreichen. Natürlich müssen passende Formulierungen und gute Verknüpfungen in der Ausführung dazukommen.

Eine leichte Aufwärmübung: Welches Argument ist schwächer? Kreuze an.

		stärker	schwächer
a)	Geringes gesellschaftliches Ansehen von Hilfsbereitschaft	❑	❑
b)	Große Anzahl von Freizeitangeboten	❑	❑

Gehe immer vom Unwichtigen zum Wichtigen, vom Kleinen zum Großen, vom Persönlichen zum Allgemeinen. Was das Wichtigste ist, kann individuell verschieden sein. Das ist in Ordnung, solange in der Ausführung ein entsprechender Hinweis erfolgt, warum ein bestimmter Gesichtspunkt für dich so wesentlich ist, dass du ihn an den Schluss stellst.

In unserem Übungsbeispiel ist folgende Lösung richtig:

Große Anzahl von Freizeitangeboten	→	schwächeres Argument
Geringes gesellschaftliches Ansehen von Hilfsbereitschaft	→	stärkeres Argument

Vor der Gliederung des gesamten Hauptteils musst du noch ein paar äußere Kriterien wissen, die du unbedingt einhalten solltest:

- ✘ Wo es 1. gibt, muss es auch 2. geben.
- ✘ In der Gliederung werden die einzelnen Gliederungspunkte nicht mit einem Satzendepunkt abgeschlossen.
- ✘ Konkrete Beispiele gehören nicht in die Gliederung. Die Gliederung gibt ja nur einen Überblick über deine Argumentation. Dafür genügen Thesen und Argumente.
- ✘ Bei schwierigeren Themen müssen nicht alle Punkte auch Unterpunkte haben. Aber hier gilt ebenfalls: Wo es a) gibt, muss es auch b) geben.

Wir stellen dir zunächst das so genannte *alphanumerische Gliederungssystem* vor, das auch als *Buchstaben-Ziffern-System* bezeichnet wird.
So kann eine Gliederung des Hauptteils aussehen:

B Hauptteil: Themafrage

I. Argument / Oberpunkt
1. Beleg / Unterpunkt
a) Beispiel
b) Beispiel } Einzelaspekte
c) Beispiel
2. Beleg / Unterpunkt
a) Beispiel
b) Beispiel } Einzelaspekte
c) Beispiel

II. Argument / Oberpunkt
1. Beleg / Unterpunkt
a) Beispiel
b) Beispiel } Einzelaspekte
c) Beispiel
2. Beleg / Unterpunkt
a) Beispiel
b) Beispiel } Einzelaspekte
c) Beispiel

...

Bei unserem einfachen Übungsthema wirst du natürlich nicht so viele Beispiele bringen. Aber du sollst sehen, wie das Gliederungsschema völlig ausgearbeitet aussieht.

Dieses Schema sagt noch nichts über die Formulierung der einzelnen Aspekte aus. Dabei ist wichtig, dass du eine einheitliche Form der Darstellung wählst! Du hast zwei Formen zur Auswahl:

- ✗ Darstellung der Gesichtspunkte in ganzen Sätzen
- ✗ Darstellung der Gesichtspunkte in Form von Stichpunkten

Die zweite Form nennt man *erweiterte Stichwortform* oder *Nominalstil*. Es ist die allgemein bevorzugte Form. Allerdings führt der Nominalstil manchmal zu sehr gespreizten Formulierungen, während die Form in ganzen Sätzen ein anderes Problem aufwirft: Wenn die Formulierung des Satzes schon recht ausführlich ist, weiß man in der Ausführung vielleicht nichts mehr über diesen Satz hinaus zu schreiben.
Wie auch immer, vermeide eine Mischform!

Schau dir jetzt unsere Gliederung des Hauptteils in ganzen Sätzen an:

B Hauptteil

Warum haben wir für alte, kranke und sterbende Menschen so wenig Zeit?

I. Eine große Anzahl von Freizeitangeboten nimmt uns in Anspruch

II. Viele Menschen haben Angst, sich mit Alter, Krankheit und Tod zu befassen

III. Die meisten Menschen sind mit eigenen Problemen beschäftigt

IV. Hilfsbereitschaft hat ein geringes gesellschaftliches Ansehen

Eine Binnengliederung ist erkennbar durch Begriffe wie *viele Menschen* und *die meisten Menschen*.

Tipp: Auch an dieser Stelle deiner Arbeit kannst du dich ruhig noch einmal fragen, ob wirklich alle von dir gefundenen Gesichtspunkte auf unsere Themafrage antworten.

Und noch ein Tipp: Die erste Gliederung ist kein fester Rahmen, sondern kann jederzeit noch geändert werden, wenn du in der Ausarbeitung feststellst, dass dir ein anderes Argument oder eine andere Reihenfolge der Argumente besser gefällt. Es wird immer wieder vorkommen, dass beim Schreiben neue Ideen auftauchen, die dir bei deinen Vorarbeiten noch nicht eingefallen sind.

Trotzdem lässt sich an dieser Stelle festhalten, dass du, wenn du einmal so weit bist, schon einen großen Teil deiner Arbeit geleistet hast.

Schau dir jetzt unsere Gliederung des Hauptteils in Stichpunkten an:

B Hauptteil

Warum haben wir für alte, kranke und sterbende Menschen so wenig Zeit?

I. Große Anzahl von Freizeitangeboten

II. Angst, sich mit Alter, Krankheit und Tod zu befassen

III. Beschäftigung mit eigenen Problemen

IV. Geringes gesellschaftliches Ansehen von Hilfsbereitschaft

Fassen wir zusammen

In der Gliederung werden die geordneten Gesichtspunkte in eine steigernde Abfolge gebracht.
Bei manchen Themen unterscheiden wir Ober- und Unterpunkte.
Bei einfachen linearen Erörterungen müssen wir darauf noch nicht achten.
Hier gilt es, mehrere einzelne Gesichtspunkte zu finden.
Eine Gliederung kann in ganzen Sätzen abgefasst werden oder in der erweiterten Stichwortform.

Checkliste

- ☑ An Hand der Themafrage Argumente prüfen
- ☑ Argument nach der Wichtigkeit anordnen
- ☑ Beispiele aus der Gliederung streichen

4 Ideen für die Einleitung

Vielleicht wunderst du dich, warum wir uns erst jetzt mit der Einleitung befassen. Der Grund ist folgender: Es ist viel einfacher, einen Einleitungsgedanken zu finden, wenn der Hauptteil schon steht.
Welchen Zweck soll eine Einleitung erfüllen? Sie soll das Interesse des Lesers wecken und ihn zum Thema hinführen. Er soll erfahren, worüber du dir Gedanken gemacht hast und was dich am Thema zur Bearbeitung veranlasst hat. Den meisten Schülern bereitet die Einleitung Schwierigkeiten, weil sie nicht wissen, wie sie einsteigen sollen.

Wie soll also eine gute Einleitung aussehen? Da gibt es viele Möglichkeiten. Wir wollen einige davon genauer betrachten. Entscheide selbst, welcher Einstieg zu deinem Thema passt oder welcher dir besonders liegt.

➤ Historischer Einstieg / Geschichtlicher Rückblick

Zu Zeiten, als es noch die Großfamilie gab, wurde man innerhalb der Familie alt. Bei Krankheit konnte man von anderen Familienmitgliedern gepflegt und versorgt werden. Auch das Sterben vollzog sich in der eigenen Familie. Heute ist das anders. Anonyme Pflegeheime, sterile Krankenhäuser sind die Aussicht, auf die Alte und Kranke blicken können. Da dieses Problem zwangsläufig auf jeden von uns zukommt, sollen im Folgenden einige Ursachen für diese Entwicklung aufgezeigt werden. Warum also haben wir für unsere alten, kranken und sterbenden Mitmenschen kaum noch Zeit?

➤ Aktueller Einstieg

In der Süddeutschen Zeitung vom letzten Wochenende stand in der Wochenendbeilage ein Artikel über alte Menschen, die sich zu Wohngemeinschaften zusammengeschlossen haben, um nicht in ein Heim ziehen zu müssen.
In diesem Zusammenhang stellte der Verfasser auch die Frage, warum sich beispielsweise die Angehörigen der Alten nicht mehr um sie kümmerten. Das war für mich der Anstoß darüber nachzudenken, warum wir so wenig Zeit haben für unsere Alten, Kranken und Sterbenden.

➤ Persönlicher Gedanke

Letzte Woche warf mir meine Großmutter wieder einmal vor, dass die Jugend von heute nicht mehr wisse, was ihre Pflicht sei. Kein Mensch besuche sie oder helfe ihr bei kleineren Einkäufen. Da beschloss ich, mir ein paar Gedanken zu diesem Thema zu machen. Warum haben wir eigentlich so wenig Zeit für alte, kranke oder sterbende Menschen?

Weitere Möglichkeiten für den Einstieg

- ein Zitat
- eine Statistik
- eine Begriffserklärung / Definition
- Ausgehen vom Gegenteil („Wir sind ja noch jung, aber wenn wir einmal alt und grau sind …“)

Beim Beispiel *Persönlicher Gedanke* merkst du sofort, dass so ein Einstieg eine heikle Sache ist. Er ist nur zu empfehlen, wenn du wirklich etwas Wesentliches erzählen kannst. Später wirst du auf den persönlichen Einstieg ganz verzichten.

Wenn dir ein gutes Zitat einfällt, du eine Statistik im Kopf hast oder gerade etwas passiert ist, was sich als aktueller Bezug zum Thema eignet, so ist das ein Glücksfall, den du nützen solltest.

Ansonsten: Greif auf Bewährtes zurück – fang zum Beispiel mit einer Definition oder mit einem historischen Rückblick an! Gewöhn dich auf der anderen Seite aber nicht an eine bestimmte „Masche“, da man das als Leser sofort erkennt und übel vermerkt. Außerdem kannst du ruhig ein bisschen experimentierfreudig sein und einmal verschiedene Einleitungsgedanken ausprobieren.

Wie sieht die Einleitung in der Gliederung aus?

A Einleitung
Anlass: Gespräch über die Behandlung alter Menschen

Man erkennt sofort, dass ein aktueller Anlass gewählt wurde. Aber da schwingt noch mehr mit: Die Verfasserin hat selbst dieses Gespräch geführt (= persönlicher Bezug).

In der Gliederung umfasst der Einleitungsgedanke nur einen Satz oder einen Stichpunkt.

Denk daran: Es langweilt den Leser, wenn er denselben Abschnitt zweimal lesen muss – einmal in der Gliederung und einmal in der Ausarbeitung. Also gilt: Variatio delectat! – Für Nichtlateiner: Abwechslung erfreut den Leser!

Die Einleitung in der Ausarbeitung umfasst mehrere Sätze. Sie stimmt selbstverständlich inhaltlich mit der Gliederung überein, ist aber ausführlicher. Das Ende der Einleitung, bisweilen zugleich Überleitung zum Hauptteil, besteht aus der Themafrage.

Wichtig: Die Themafrage muss nicht immer als Frage formuliert sein. Auch braucht sie die Themenstellung nicht wörtlich zu wiederholen.

Vergiss nicht: In der Einleitung wird noch nicht argumentiert. Achte genau darauf, dass du nicht ein gutes Argument aus dem Hauptteil vorwegnimmst!

Schematischer Aufbau der Einleitung:

Einstieg ➔ Überleitungssatz* ➔ Themafrage

* kann fehlen

Wenn es nicht in dein Konzept passt, kannst du den Überleitungssatz auch weglassen. Du wirst sicher Beispiele lesen können, in denen sich der Schreiber dafür entschieden hat, nach dem Einstieg gleich mit der Themafrage weiterzumachen. Ein Überleitungssatz ist manchmal sogar störend für den Gedankenfluss. Du hast da einige Freiheiten.

Was dir hier an die Hand gegeben wird, ist eine Grobstruktur, die dir noch Freiräume beim „Füllen" lassen soll. Wie schon erwähnt ist es wichtig, dass ein Themabezug vorliegt und dass du zum Thema hinführst.

Lies jetzt, was sich eine Schülerin ausgedacht hat:

Persönlicher Bezug

Vor kurzem erzählte mir eine Krankengymnastin, dass sie ursprünglich Ärztin hatte werden wollen. Nachdem sie eine Weile in einem Krankenhaus gearbeitet hatte, um sich ein Bild von diesem Beruf zu machen, änderte sie ihren Entschluss. Der Grund: Sie konnte die „Massenabfertigung" von Kranken in der Klinik nicht ertragen. „Die Ärzte haben keine Zeit für die Alten und Kranken." Und die Verwandten? „Die liefern die Sterbenden im Krankenhaus ab, damit sie ihre Ruhe haben!"

Aktueller Anlass

Dieses Gespräch kam mir in den darauf folgenden Tagen immer wieder in den Sinn und ich begann mir Gedanken zu machen, warum wir für alte, kranke und sterbende Mitbürger heute kaum noch Zeit haben.

Man könnte diese Einleitung, wie wir schon an Hand der Gliederung vermutet haben, als Mischung aus persönlichem Einstieg und aktuellem Anlass bezeichnen. Aus dem Gespräch mit der Krankengymnastin ergibt sich das Interesse an dem Thema – so entsteht eine Überleitung, an die sich die Themafrage sinnvoll anschließt.

Fassen wir zusammen

Die Einleitung weckt das Interesse des Lesers. Sie ist die „Perle“ des Aufsatzes, wie manche meinen. Die ausgeführte Einleitung sollte knapp und klar sein sowie am Ende eindeutig die Themafrage aufgreifen, auf die sie gedanklich und sprachlich hinführt.

Checkliste

- [x] Art des Einstiegs wählen
- [x] Schema beachten
- [x] Einleitung aufsetzen und überarbeiten

5 Schlussgedanken

Wir haben schon gesehen, dass die Einleitung zum Thema hinführt. Wer Einleitungen schreiben kann, dürfte auch mit dem Schluss keine Probleme haben. Der Schluss soll den Aufsatz zusammenfassen und vom Thema „wegführen“. Das heißt nicht, dass man etwas ganz anderes schreibt, sondern dass man mit dem Leser zusammen zu einem runden Abschluss kommen soll. Der Schluss schließt sich natürlich und ohne Bruch an den Rest des Aufsatzes an.

Wie sieht ein guter Schluss aus?

Er beinhaltet keine neuen Argumente mehr, sondern rundet die Erörterung ab. Man kann ein Fazit ziehen oder seine persönliche Meinung sagen. Da wir eine Erörterung insgesamt als etwas Organisches, Gewachsenes ansehen können, ist der Schluss nicht vom restlichen Aufsatz abgelöst oder etwas, das man sich erst ausdenken muss. Er ergibt sich logisch aus dem Hauptteil, ist also zunächst das Ergebnis unserer Überlegungen, die wir im Hauptteil angestellt haben.
Das genügt aber noch nicht, denn dann wäre der Schluss kein echtes Gegengewicht zur Einleitung. Erst durch einen neuen und weiterführenden Gedanken ist der Aufsatz wieder im Gleichgewicht.

In der Gliederung erhält der Schluss die gleiche Form wie die Einleitung. Denn es soll so sein, dass Einleitung und Schluss deiner Arbeit einen Rahmen geben.

Deshalb kann der Schluss

- ✗ an die Einleitung anknüpfen
- ✗ die Themafrage beantworten
- ✗ eine Anregung bringen
- ✗ das Problem erweitern
- ✗ einen Ausblick auf die Zukunft geben
- ✗ eine persönliche Stellungnahme / persönliche Wünsche enthalten.

Wie sieht der Schluss in der Gliederung aus?

C Schluss

Kluft zwischen der wachsenden Zahl alter Menschen und den Werten der Gesellschaft

Eine Schülerin hat neben der abwägenden Zusammenfassung und der abschließenden Beschreibung des Ist-Zustands einen Ausblick auf die Zukunft gewählt. Daran schließt sich eine ethische Forderung an, verbunden mit einer persönlichen Stellungnahme, in die auch der Leser einbezogen wird. Das ist ganz gut an den Formulierungen erkennbar:

> Auf der einen Seite ist in unserer materialistischen Gesellschaft kein Platz für Alter, Krankheit und Tod. Andererseits ist es wohl keinem verborgen geblieben, dass unsere Gesellschaft immer älter wird. Das heißt, dass der Anteil der Alten stetig wächst. Wir sind also gezwungen, uns mit den sich daraus ergebenden Problemen auseinander zu setzen.
> Hilfsbereitschaft macht uns zum Menschen, und das sollten wir gegen den Trend auch bleiben. Dazu kommt, dass wir selbst nicht ewig jung bleiben und später einmal selbst auf die Hilfe junger Mitmenschen angewiesen sein werden.

Fassen wir zusammen

Im Schlussteil verabschiedet sich der Schreiber gewissermaßen vom Leser, indem er das Thema wieder etwas in die Ferne rückt. Man sieht das Denkergebnis vom Hauptteil in einem größeren Zusammenhang, gewinnt also gegenüber dem Hauptteil wieder einen kritischen Abstand.

Checkliste

- ☑ Das Problem zusammenfassen
- ☑ Persönliche Meinung äußern
- ☑ Distanz zum Thema gewinnen

6 Vertextung des Hauptteils

Mit der Vertextung von Einleitung und Schluss haben wir uns ja schon etwas „aufgewärmt" für die Ausarbeitung des Hauptteils.

Jetzt geht es darum, den Hauptteil der Gliederung in ganze Sätze zu bringen und jeden Gesichtspunkt auszuarbeiten.

Am besten gehst du nach folgendem Schema vor:

- ✗ Ausformulierung des Arguments
- ✗ Darstellung der allgemeinen Richtigkeit des Arguments (= Begründung / Beleg)
- ✗ Anwendung der Begründung auf einen speziellen Fall (= Beispiel)
- ✗ Herstellung des Themabezugs

Erfahrungsgemäß ergeben sich dabei zwei Schwierigkeiten:

- ✗ Wie führe ich die einzelnen Argumente so aus, dass sich eine überzeugende Argumentationskette ergibt?
  Zu diesem Punkt siehe *Exkurs I*, Seite 41.

- ✗ Wie schaffe ich einen gedanklichen Zusammenhang zwischen den einzelnen Argumenten und bringe eine Linie in meine Arbeit?
  Zu diesem Punkt siehe *Exkurs II*, Seite 45.

Hier ein Argument aus unserem Beispielthema zur Veranschaulichung:

Drohende Arbeitslosigkeit, höhere Mieten, steigende Preise – Probleme hat jeder Erwachsene genug. Wir Schüler schlagen uns mit Hausaufgaben und Prüfungen herum. Dazu soll man sich auch noch mit den Sorgen anderer Menschen beschäftigen. Jeder von uns hat mit sich selbst zu tun. In unserer ichbezogenen Gesellschaft finden sich kaum noch Jugendliche, die mit ihren Großeltern spazieren gehen. Meine alte Nachbarin wartet ganze Nachmittage vergebens auf ihren Enkel, der zwar verspricht, sie zum Einkaufen zu fahren, dieses Versprechen aber allzu oft vergisst.

These	Erwachsene und Kinder haben Probleme.
Argument	Jeder von uns hat mit sich selbst zu tun.
Beleg	Es finden sich kaum noch Jugendliche, die mit ihren Großeltern spazieren gehen.
Beispiel	Die Nachbarin wartet oft auf den Enkel.

Wie ausführlich du einen bestimmten Gliederungspunkt im Einzelnen ausarbeitest – ob du eventuell zwei Beispiele bringst –, richtet sich danach, wie wichtig dir der Punkt erscheint, den du gerade bearbeitest. Manchmal brauchst du nicht einmal Beispiele aus deinem persönlichen Umfeld, sondern es genügt, auf eine allgemeine Übereinstimmung, den „Commonsense" zu bauen. Formulierungen wie zum Beispiel *wie allgemein bekannt ist, wie wir alle wissen* oder *wie jedem sofort einleuchtet* weisen auf so einen Fall hin.

Denk daran: Eine gut nachvollziehbare Argumentation, die verständlich geschrieben ist, hat die besten Chancen, den Leser zu überzeugen.

Bei unserem Schema oben war noch die Rede von der Herstellung des Themabezugs. Du sollst nicht Argument für Argument abhandeln, sondern einen fließenden Text verfassen. Dazu gehören Übergänge, aber auch der immer wiederkehrende Bezug zum Thema.

**Meine alte Nachbarin wartet ganze Nachmittage vergebens auf ihren Enkel, der verspricht, sie zum Einkaufen zu fahren, dieses Versprechen aber allzu oft vergisst.
Warum ist es uns so lästig und unangenehm, uns mit Alten und Kranken zu beschäftigen?**

Mit der letzten Frage werden einerseits zwei Argumente verknüpft, andererseits wird uns das Thema der gesamten Arbeit in Paraphrase – also Umschreibung – noch einmal vorgestellt.

Ein Tipp: Wenn man in der Erörterung noch ungeübt ist, vergisst man leicht einen Gliederungspunkt oder einen Unterpunkt. Du kannst das vermeiden, indem du die Nummern der Gliederungspunkte an den Rand der Arbeit schreibst. So siehst du auf einen Blick, ob du die Gliederung vollständig bearbeitet hast. Frage aber deine Lehrerin / deinen Lehrer, ob diese Vorgehensweise auch in der Prüfung erlaubt ist. Manche mögen nämlich keine Nummerierung am Rand. Du kannst diese Methode aber auf jeden Fall bei den Hausaufgaben anwenden oder die Zahlen mit Bleistift auf dein Prüfungsblatt schreiben. Vor der Abgabe lässt du sie mit dem Radiergummi verschwinden.

Fassen wir zusammen

Bei der Vertextung formulierst du zu jedem Gliederungspunkt ein Argument. Dazu kommt ein Beleg für die allgemeine Richtigkeit und eine spezielle Anwendung in Form eines Beispiels. Danach stellst du den Themabezug wieder her.

Checkliste

- ☑ Gliederungspunkte ausformulieren
- ☑ Geeignete Beispiele finden
- ☑ Den Text durch Überleitungen vernetzen

Aufsatzbeispiel

**Für alte, kranke und sterbende Menschen haben wir heutzutage immer weniger Zeit.
Warum ist das so? Nenne Ursachen für diese Entwicklung!**

Gliederung

A Einleitung

Anlass: Gespräch über die Behandlung alter Menschen

B Hauptteil

Warum haben wir für alte, kranke und sterbende Menschen so wenig Zeit?

I. Große Anzahl von Freizeitangeboten

II. Angst, sich mit Alter, Krankheit und Tod zu befassen

III. Beschäftigung mit eigenen Problemen

IV. Geringes gesellschaftliches Ansehen von Hilfsbereitschaft

C Schluss

Kluft zwischen der wachsenden Zahl alter Menschen und den Werten der Gesellschaft

Ausführung

Persönlicher Bezug

Vor kurzem erzählte mir eine Krankengymnastin, dass sie ursprünglich Ärztin hatte werden wollen. Nachdem sie eine Weile in einem Krankenhaus gearbeitet hatte, um sich ein Bild von diesem Beruf zu machen, änderte sie ihren Entschluss. Der Grund: Sie konnte die „Massenabfertigung" von Kranken in der Klinik nicht ertragen. „Die Ärzte haben keine Zeit für die Alten und Kranken." Und die Verwandten? „Die liefern die Sterbenden im Krankenhaus ab, damit sie ihre Ruhe haben!"

Aktueller Anlass	Dieses Gespräch kam mir in den darauf folgenden Tagen immer wieder in den Sinn und ich begann mir Gedanken zu machen, warum wir für alte, kranke und sterbende Mitbürger heute kaum noch Zeit haben.
These	In unserer Wohlstandsgesellschaft ist das Angebot an Freizeitmöglichkeiten sehr groß. Sport, Reisen, mit Freunden feiern – all das nimmt unsere Zeit und unser Denken in Anspruch.
Argument	Der alte Onkel, der immer nur von seinen Krankheiten spricht, passt da natürlich nicht dazu.
Beleg / Beispiel	Der harmlose Umstand, dass wir kaum mehr Briefe zu Festen oder Karten aus dem Urlaub schreiben, zeigt, wie wenig wir an alte oder kranke Verwandte denken, die sich über so einen kleinen Gruß sehr freuen würden.
These	Ein weiterer entscheidender Punkt ist die Scheu der meisten Menschen, sich mit dem Tod zu befassen. Man vermeidet ganz allgemein den Gedanken daran, dass man selbst alt und krank werden könnte.
Argument	Die Medien führen uns nur junge und aktive Menschen vor. Man schiebt alles, was ans Altern denken lassen kann, weit von sich. Pflegebedürftige Menschen würden uns aus unserer Illusion von der ewigen Jugend reißen.
Beleg	Deshalb werden viele alte Leute ins Alten- oder Pflegeheim abgeschoben. Dort wird man sie dann ein Mal im Jahr besuchen. Wir zahlen lieber für Hilfsdienste, anstatt uns selbst mit den Menschen zu befassen.
Konkretes Beispiel	Eine Nachbarin sagte neulich, sie könne einfach keine kranken Menschen sehen.
These	Drohende Arbeitslosigkeit, höhere Mieten, steigende Preise – Probleme hat jeder Erwachsene genug.

Bezug zur eigenen Situation	Wir Schüler schlagen uns mit Hausaufgaben und Prüfungen herum. Dazu soll man sich auch noch mit den Sorgen anderer Menschen beschäftigen. Jeder von uns hat mit sich selbst zu tun.
Argument	In unserer ichbezogenen Gesellschaft finden sich kaum noch Jugendliche, die mit ihren Großeltern spazieren gehen.
Konkretes Beispiel	Meine alte Nachbarin wartet ganze Nachmittage vergebens auf ihren Enkel, der zwar verspricht, sie zum Einkaufen zu fahren, dieses Versprechen aber allzu oft vergisst.
Überleitung	Warum ist es uns so lästig und unangenehm, uns mit Alten und Kranken zu beschäftigen?
These	Hilfsbereitschaft passt nicht zu unseren Werten. Krankenschwestern und Pfleger werden nicht besonders gut bezahlt, was schon zeigt, für wie unwichtig die Gesellschaft diese Tätigkeiten erachtet.
Argument	Materieller Gewinn und Profite stehen im Mittelpunkt unseres Denkens. Wenn ein Mensch diesen hohen Ansprüchen nicht mehr genügen kann, wird er eben einfach ins Heim abgeschoben, anstatt wie früher Bestandteil der Großfamilie zu bleiben.
Beleg: allgemeine Erfahrung	Beispiele dafür findet jeder in seiner Umgebung. Auch wenn wir von „Senioren-Residenzen“ sprechen, leben unsere Alten nicht immer unter fürstlichen Bedingungen.
	Fassen wir zusammen:
Abwägende Zusammenfassung	Auf der einen Seite ist in unserer materialistischen Gesellschaft kein Platz für Alter, Krankheit und Tod. Andererseits ist es wohl keinem verborgen geblieben, dass unsere Gesellschaft immer älter wird. Das heißt, dass der Anteil der Alten stetig wächst.
Ist-Zustand	Wir sind also gezwungen, uns mit den sich daraus ergebenden Problemen auseinander zu setzen.
Ethische Forderung	Hilfsbereitschaft macht uns zum Menschen und das sollten wir gegen den Trend auch bleiben.

Persönlicher Bezug

Dazu kommt, dass wir selbst nicht ewig jung bleiben und später einmal selbst auf die Hilfe junger Mitmenschen angewiesen sein werden.

Exkurs I – Die Argumentation

Bereits bei der Vertextung haben wir Hinweise zur Argumentation gegeben. Wenn du mehr zu diesem Thema wissen oder einfach noch einmal etwas nachlesen willst, kannst du es an dieser Stelle tun.

Argumentieren heißt, eine strittige, also bestreitbare, Behauptung durch eine andere zu begründen oder zu untermauern. Das Ziel jeder Argumentation ist es, den Leser oder Zuhörer zu überzeugen und eventuell eine Änderung der Situation herbeizuführen.

Aufgrund der äußeren Form ist ein Argument nicht ohne weiteres zu erkennen, sondern nur durch den logischen Zusammenhang mit anderen Sätzen, also durch den Kontext.

Welche Begriffe werden verwendet?

These	Eine aufgestellte und im Weiteren sachlich begründete Behauptung heißt *These*. Am Anfang ist sie noch unbewiesen.
Antithese	Sie ist die exakte Gegenbehauptung zur These.
Argument	Ein Argument ist der These untergeordnet und bringt eine allgemein formulierte Begründung.

Die Adressaten einer Argumentation fordern meist Beweise und konkrete Belege. Dann müssen Argumente durch Belege und Beispiele untermauert werden.

Beleg	Im Beleg wird das Argument als allgemein richtig dargestellt.
Beispiel	Durch ein konkretes / praktisches Beispiel wird der Beleg veranschaulicht.

Wichtig: Bei der steigernden Erörterung ist die These identisch mit der Themafrage.
Bei der dialektischen Erörterung gibt es eine These und eine Antithese.
Beide ergeben sich aus der Themenstellung.

Zurück zur Argumentation. Ob eine Argumentation sachlich und überzeugend ist, hängt auch von ihrer Art ab. Es gibt verschiedene Arten der Argumentation. Hier drei Beispiele:

➔ Die *plausible* Argumentation

Sie ist vordergründig und leuchtet nur auf den ersten Blick ein. Typisch für sie sind Allgemeinplätze und eine übertriebene Darstellung. In der plausiblen Argumentation wird der Leser eigentlich nur überredet.

Wenn man mit den Eltern verreisen muss, ist Langeweile vorprogrammiert, denn es gibt immer nur Kulturprogramm.

Das Landleben bietet nur Vorteile. Am Land ist das Leben viel schöner, weil die Luft so gut ist.

➔ Die *moralische* Argumentation

Sie arbeitet mit der Darstellung allgemein anerkannter Verhaltensweisen und gesellschaftlicher Normen.

Das Rauchen macht körperlich abhängig. Es genügt an dieser Stelle, auf die Untersuchungsergebnisse verschiedener Studien hinzuweisen. Erst neulich hat Professor X in einem Interview betont, dass ...

➔ Die *rationale* Argumentation

Sie bietet Fakten, Daten sowie Zahlen und wird logisch entwickelt.

Sport ist nur noch ein großer Markt. Denken wir beispielsweise an Bungeejumping. Für einen Sprung von einem Kran oder einer Brücke zahlt man üblicherweise zwischen 100 und 150 DM. Dieser Sport – wenn man ihn als solchen sehen will – ist wirklich nur dazu da, den Teilnehmern einen Kick zu verschaffen und den Veranstaltern Geld.

Die zuletzt genannte Form stellt für uns den Idealfall dar. Allerdings weißt du sicher aus Erfahrung, dass man nach einiger Zeit abschaltet, wenn man mit Zahlen und Fakten zugeschüttet wird. Deshalb kann die rationale Argumentation manchmal von den anderen beiden Formen unterstützt werden.

Eine entfaltete Argumentation enthält

These → Argument → Beleg → Beispiel

Das sieht dann so aus; achte auch auf die Konjunktionen:

Fragestellung	Ist das Auswendiglernen von Gedichten sinnvoll?
These	Es ist sinnvoll, dass jeder Schüler pro Halbjahr drei Gedichte auswendig lernen muss,
Argument	*weil* dadurch die Beschäftigung mit Literatur verstärkt wird,
Beleg	*denn* die poetischen Worte prägen sich beim Lernen deutlich ein.
Beispiel	*So* erlebe ich beispielsweise den Reim dabei intensiver als beim bloßen Lesen.

Was du bei deiner Argumentation unbedingt vermeiden solltest, sind Pauschalurteile, Widersprüche oder Beleidigungen von Einzelpersonen und Gruppen.

Manchmal passiert es auch, dass dir beim besten Willen kein geeignetes Beispiel einfällt. Dann gibt es zwei Möglichkeiten: Entweder das Argument versteht sich von selbst, dann genügt es, wenn es durch einen allgemeinen Beleg gesichert wird. Oder du überprüfst, ob du nicht vielleicht deshalb kein konkretes Beispiel findest, weil das Argument schlecht ist. Dann musst du es schweren Herzens aus deiner Gliederung streichen.

Einige Schüler wiederum haben keinerlei Probleme mit Beispielen. Sie nehmen sich viel Zeit und Raum, um Beispiele, d. h. Schwänke aus ihrem Leben zu bringen. Das führt oft dazu, dass sie ins Erzählen kommen und den Zusammenhang zum Thema verlieren. Ein Beispiel muss in ein bis drei Sätzen abgehandelt sein, sonst ist es unbrauchbar. Das Gegenteil – ein zu knappes Beispiel – solltest du natürlich auch vermeiden. Formulierungen wie „das ist mir auch schon zugestoßen" sind kein ordentliches Beispiel. Achte außerdem darauf, dass das Beispiel etwas mit dem Argument zu tun hat!

Allgemein gilt: Prüfe, ob dein Beispiel wirklich gut ist für deine Argumentation.

Ein weiteres Beispiel:

Fragestellung	Sollte Rauchen auf dem Schulhof verboten sein?
These	Rauchen soll für Schüler verboten werden,
Argument	*weil* es schädlich ist, besonders für Jugendliche,
Beleg	*denn* es kann deren zarte Gesundheit gefährden.
Beispiel	Jeder weiß *nämlich*, dass Rauchen zu Asthma und Lungenkrebs führen kann.

Du siehst also, wie „Standardargumentationen" aussehen können. Wenn du dann schon Profi bist, kannst du das Schema umdrehen und mit dem Beispiel beginnen. Das bleibt im Einzelfall deiner Entscheidung überlassen.

Tipp: Experimentiere in der Hausaufgabe, in der Prüfung solltest du auf Bewährtes zurückgreifen.

Fassen wir zusammen

Eine vollständige Argumentation besteht aus These, Argument, Beleg und Beispiel. Wichtig dabei ist, dass die einzelnen Bestandteile ineinander greifen und sich logisch entwickeln.

Checkliste

- ☑ Argumente und Belege erkennen
- ☑ Gute und treffende Beispiele finden

Exkurs II – Die Gliederung des Textes

Häufig sind Schüler beim Aufsatzschreiben sehr sparsam im Umgang mit Papier. Dabei ist es gerade bei der Erörterung – einer sehr „langen" Textart – wichtig, dass der Leser immer weiß, wann ein neuer Gedanke beginnt. Er muss ohne Gliederung in der Lage sein, sich in deinem Text zurechtzufinden. Absätze und neue Zeilen ermöglichen das.
Mach also vor jedem neuen Gliederungspunkt einen Absatz! Unterpunkte kommen in eine neue Zeile.

In der Gliederung werden deine Gedanken voneinander getrennt aufgeschrieben. Wenn du die einzelnen Gliederungspunkte in der Vertextung unverbunden nebeneinander setzt, so baust du eine Mauer aus Steinen ohne Mörtel. Mit diesem Mörtel sind die Überleitungen gemeint.

Überleitungen haben zwei wesentliche Funktionen:

- ✗ Sie verknüpfen ein Argument mit dem anderen.
- ✗ Sie schaffen fließende Übergänge zwischen den drei großen Teilen der Erörterung.

Schon bei der Argumentation hast du gesehen, dass du mit Hilfe von Konjunktionen sehr viel machen kannst. Vor allem Nebensatzkonjunktionen schaffen sehr gute Verbindungen zwischen Sätzen und größeren Sinnabschnitten.

da	damit	dadurch, dass ...
weil	um ... zu	indem
wenn	obwohl	während
falls	obgleich	nachdem

Als Hilfe hier weitere gut verwendbare Formulierungen:

→ Reihung

außerdem	zusätzlich	eng damit verbunden ist
ferner	darüber hinaus	hinzu kommt
auch	ebenso	nicht zuletzt

→ Steigerung

schwerer wiegt	wesentlich größer als	überzeugender ist wohl
bedenklicher ist	viel wichtiger jedoch	bedeutender ist dagegen

Gegenüberstellung

im Gegensatz dazu	demgegenüber	wenden wir uns nun ...
auf der anderen Seite	als Gegenbeispiel	nicht nur ... sondern auch

Gegensatz

aber	vielmehr	hingegen
jedoch	im Gegensatz dazu	dagegen spricht ...

Einräumung

wenn auch	obwohl	allerdings
zwar	wenngleich	mag sein, dass ...

Folge

also	folglich	sodass
als Konsequenz	demnach	daraus ergibt sich ...

Sicher leuchtet dir jetzt ein, dass man mit Überleitungen eine Erörterung so solide bauen kann wie ein Haus mit Steinen *und* Mörtel.

Tipp: Versuche immer Variationen zu finden! Nichts ist langweiliger als Aneinanderreihungen von Ausdrücken wie *ferner, darüber hinaus, außerdem ...*

Fassen wir zusammen

Absätze strukturieren den Text und Überleitungen schaffen einen Gesamtzusammenhang. Sie sind von großer Bedeutung für eine gut lesbare Darstellung.

Checkliste

- ☑ Bei jedem neuen Gedanken eine neue Zeile anfangen
- ☑ Größere Gliederungspunkte durch Absätze trennen
- ☑ Gute Überleitungen finden

2 Die mehrteilig-lineare Erörterung für Einsteiger

Auch bei der mehrteilig-linearen Erörterung musst du nach den sechs bekannten Arbeitsschritten vorgehen. Der einzige Unterschied zur einfachen linearen Erörterung besteht darin, dass der Hauptteil aus zwei oder mehr großen Blöcken besteht, die jeweils so aufzubauen sind, wie du es schon im letzten Kapitel trainiert hast.

> Experten bestätigen: Kinder und Jugendliche werden immer aggressiver.
> Welche Gründe könnte diese zunehmende Gewalttätigkeit haben und welche Lösungsmöglichkeiten siehst du?

Unser neues Beispielthema ist zweiteilig aufgebaut. Das darf man keinesfalls mit *dialektisch* verwechseln! Falls dir der Unterschied nicht ganz klar ist, dann schau noch einmal im Kapitel *Welche Formen der Erörterung gibt es?* (Seite 9) nach.

1 Erfassung des Themas

Der Begriff *mehrteilig* weist darauf hin, dass es mindestens zwei Themafragen gibt. Wie sieht das bei unserem Beispielthema aus?

✗ Welche Gründe gibt es für die zunehmende Gewalttätigkeit unter Kindern und Jugendlichen?

✗ Welche Lösungsmöglichkeiten gibt es zur Verhinderung von Gewalt unter Kindern und Jugendlichen?

2 Sammlung und Ordnung von Ideen

Da dieses Thema sehr aktuell ist und in den Medien ausführlich diskutiert wird, fällt es dir sicher nicht schwer, zuerst selbst Ideen zu sammeln.

Denk an die Hilfsfragen (siehe Seite 20)! Hier bieten sich Fragen nach persönlichen, familiären und gesellschaftlichen Gründen sowie Lösungsmöglichkeiten in diesen Bereichen an.

3 Erstellung einer Gliederung des Hauptteils

Wenn du dir selbst Gedanken zum Thema gemacht hast, dann versuche sie gleich zu gliedern – erst danach solltest du dir unseren Gliederungsvorschlag durchlesen.

Keine Panik, wenn du andere Gründe oder Lösungen gefunden hast. Möglicherweise hast du außerdem eine andere Gewichtung der Argumente vorgenommen.

B Hauptteil

I. Warum reagieren immer mehr Kinder und Jugendliche aggressiv?

1. Gewalt in den Medien
   a) Fernsehen
   b) Videoverleih

2. Veränderte Familienverhältnisse
   a) Berufstätigkeit beider Elternteile
   b) Hohe Scheidungsrate

3. Veränderte gesellschaftliche Werte
   a) Erziehung zum Konsum
   b) Ellbogenmentalität

II. Wie lassen sich die Probleme lösen?

1. Erschwerter Zugang zu Gewaltdarstellungen im Film
   a) Späte Sendezeiten im Fernsehen
   b) Einhalten der Ausleihvorschriften bei Videos

2. Reagieren auf Veränderung der Familienverhältnisse
   a) Schaffung von kleineren Klassen und Ganztagsbetreuung
   b) Verbesserung der Freizeitmöglichkeiten

3. Umdenken der Erwachsenen
   a) Erziehung zu nichtmateriellen Werten
   b) Einplanen von Zeit für Kinder

4 Ideen für die Einleitung

Beim Thema *Gewalt unter Jugendlichen* drängt sich ein aktueller Anlass oder ein persönliches Erlebnis geradezu auf. Weniger ansprechend wäre ein historischer Rückblick wie „Gewalt und Krieg gab es zu allen Zeiten".

Lies den Vorschlag eines Schülers:

A Einleitung

Lehrer klagen darüber, dass schon die kleinen Schüler im Sportunterricht Gewalt anwenden.

Immer häufiger kann man in der Zeitung lesen, dass Kinder und Jugendliche zunehmend gewalttätiger gegen Gleichaltrige oder Wehrlose reagieren. Sie schließen sich zu Gruppen zusammen, beleidigen, schikanieren und schüchtern ihre Opfer ein. Manchmal greifen sie sie eben auch körperlich an. Sogar unsere Lehrer berichten über steigende Aggressivität im Sportunterricht.
Wie kommt es zu dieser Entwicklung und was kann man dagegen unternehmen?

5 Schlussgedanken

Brutalität in der Schule erinnert viele, die vielleicht noch keine Erfahrungen mit ihr gemacht haben, an Verhältnisse in Amerika. Pass aber auf, dass du nicht in Klischees verfällst.

In unserem Beispiel hat der Verfasser in seinen Schlussgedanken „die Kurve gerade noch gekriegt". Es gelingt ihm auch ganz gut, den Zusammenhang zum Einleitungsgedanken herzustellen – eine runde Sache.

C Schluss

Aggressionen von Kindern als Hilfeschrei

Die Aggressivität der Kinder und Jugendlichen geht in eine gefährliche Richtung.
Es ist kein Einzelfall mehr, dass Mitschüler brutal zusammengeschlagen werden oder dass auf Lehrer geschossen wird. Bisher dachte man, so etwas passiere nur in Amerika. Aber amerikanische Verhältnisse rücken immer näher.
Es ist höchste Zeit, diese Entwicklung ernst zu nehmen und durch geeignete Maßnahmen abzufangen. Begreifen wir Aggressionen endlich auch als Hilfeschrei von Kindern, die sich nicht anders ausdrücken können!

6 Vertextung des Hauptteils

Versuche zunächst eine Vertextung deiner eigenen Argumente, bevor du unseren Vorschlag durcharbeitest.

Achte dann vor allem darauf, wie der Schüler Gründe und Lösungen aufeinander bezieht. Das muss nicht immer so sein. Es könnte vorkommen, dass du ganz andere Lösungen gefunden hast, die ebenso gut sind wie in unserem Beispiel. Aber es wirkt natürlich auf den Leser sehr überzeugend, wenn Gründe nicht nur in den Raum gestellt werden, sondern gleichzeitig passende Vorschläge zur Verbesserung der Situation vorgebracht werden.

Aufsatzbeispiel

Experten bestätigen: Kinder und Jugendliche werden immer aggressiver. Welche Gründe könnte diese zunehmende Gewalttätigkeit haben und welche Lösungsmöglichkeiten siehst du?

Gliederung

A Einleitung

Lehrer klagen darüber, dass schon die kleinen Schüler im Sport unterricht Gewalt anwenden.

B Hauptteil

I. Warum reagieren immer mehr Kinder und Jugendliche aggressiv?

1. Gewalt in den Medien
   a) Fernsehen
   b) Videoverleih
2. Veränderte Familienverhältnisse
   a) Berufstätigkeit beider Elternteile
   b) Hohe Scheidungsrate
3. Veränderte gesellschaftliche Werte
   a) Erziehung zum Konsum
   b) Ellbogenmentalität

II. Wie lassen sich die Probleme lösen?

1. Erschwerter Zugang zu Gewaltdarstellungen im Film
   a) Späte Sendezeiten im Fernsehen
   b) Einhalten der Ausleihvorschriften bei Videos
2. Reagieren auf Veränderung der Familienverhältnisse
   a) Schaffung von kleineren Klassen und Ganztagsbetreuung
   b) Verbesserung der Freizeitmöglichkeiten
3. Umdenken der Erwachsenen
   a) Erziehung zu nichtmateriellen Werten
   b) Einplanen von Zeit für Kinder

C Schluss

Aggressionen von Kindern als Hilfeschrei

Ausführung

Aktueller Bezug	Immer häufiger kann man in der Zeitung lesen, dass Kinder und Jugendliche zunehmend gewalttätiger gegen Gleichaltrige oder Wehrlose reagieren. Sie schließen sich zu Gruppen zusammen, beleidigen, schikanieren und schüchtern ihre Opfer ein. Manchmal greifen sie sie eben auch körperlich an.
Persönlicher Bezug	Sogar unsere Lehrer berichten über steigende Aggressivität im Sportunterricht.
Themafrage I	Wie kommt es zu dieser Entwicklung und was kann man dagegen unternehmen?
These	Eine Erklärung für die steigende Gewalttätigkeit liegt in der Darstellung von Gewalt.
Argument	In den Medien kann man eine täglich wachsende Anzahl von Gewalttaten beobachten. Eine Studie hat gezeigt, dass im Fernsehen pro Woche 500 Morde „geschehen".
Beleg	Gerade auch nachmittags, wenn viele Kinder fernsehen, werden Filme mit erheblichem Gewaltpotenzial wie Sciencefiction-Serien oder Krimis gezeigt. Messerstechereien und Schlägereien sind da an der Tagesordnung.
Argument	Außerdem haben Kinder keinerlei Schwierigkeiten, an Gewaltvideos heranzukommen.
Beleg	Tests haben gezeigt, dass Jugendliche aus Videotheken ohne Ausweiskontrolle sogar Hinrichtungsdarstellungen aus Amerika mitnehmen konnten.
Beispiel	Haben Jugendliche nicht so großzügige Videoverleiher in der Nähe, kann man immer noch die Videofilme älterer Geschwister oder Freunde anschauen. Selbst Filme wie „Rambo" oder „Terminator" enthalten neben vielen Prügeleien die Darstellung zahlreicher Toter. Dadurch werden schlechte Vorbilder für Kinder geschaffen.
These	Dazu kommt, dass oftmals die Familienverhältnisse eine Rolle spielen.

Argument	In vielen Familien müssen heutzutage beide Elternteile arbeiten, weil ein Verdienst nicht ausreicht.
Beleg	Folglich sind die Kinder den ganzen Nachmittag allein zu Hause. Oft haben sie keinen Ansprechpartner für ihre Probleme und fühlen sich allein gelassen.
Beispiel	Bei meiner Tätigkeit als Tutor in 5. Klassen erzählte mir neulich ein Schüler, seine Eltern hätten keine Zeit für ihn, da sich beide gerade selbstständig machten.
Argument	Ähnlich gelagert ist die Problematik bei Scheidungskindern.
Beleg	Hin- und hergerissen zwischen dem Alltag bei der Mutter, die arbeiten muss, um die Kinder zu ernähren, und dem Vater, den man nur am Wochenende sehen darf, werden bei den Kindern Aggressionen angestaut, die sich dann im Pausenhof durch körperliche Gewalt entladen.
Beispiel	Auch dafür gibt es Beispiele in der 5. Klasse, die ich betreue.
These	Wie oben gezeigt haben Eltern häufig wenig Zeit für ihre Kinder und noch weniger Zeit, sich über eine gute und wertvolle Kindererziehung Gedanken zu machen.
Argument	Da sich bisweilen doch das schlechte Gewissen rührt, schenkt man Spielzeug oder teure Kleidung statt Liebe und Geborgenheit.
Beispiel	Der Junge, den ich schon erwähnt habe, trägt immer modische Jeans von Firmen, die bei Schülern gerade „in“ sind. Konsum statt Liebe – der Junge ist nicht zufrieden damit.
Weiterführung	Auch wenn ein Elternteil nachmittags zu Hause ist, heißt das noch nicht, dass sich die Eltern auch wirklich mit dem Kind beschäftigen. Oft fühlt sich das Kind dennoch allein gelassen und reagiert deshalb vielleicht aggressiv.
Argument	Viele Eltern müssen im Berufsleben hart kämpfen und versuchen, ihre Kinder auch auf diesen Kampf vorzubereiten.

Beispiel / Beleg	Unsere Lehrer erzählen immer wieder von Kindern, denen zu Hause beigebracht wird, sich in der Schule ja nichts gefallen zu lassen. Für diese Kinder heißt das oft: zuschlagen ohne zu reden.
Themafrage II	Es genügt aber nicht die Situation darzustellen, man sollte sich auch Gedanken zur Lösung der beschriebenen Probleme machen.
These	Es wäre unrealistisch zu glauben, man könne Gewaltfilme ganz verbieten.
Argument	Die Eltern können aber versuchen, die Verantwortlichen beim Fernsehen zu veranlassen, Gewaltfilme zu einer späteren Sendezeit zu zeigen.
Vorschlag	Wenn diese Filme erst ab 22 oder 24 Uhr gesendet würden, müssten die Eltern dafür sorgen, dass ihre Sprösslinge um diese Zeit im Bett sind.
Vorschlag	Videorekorder sollten entsprechende Verschlüsselungsmechanismen erhalten, damit es Kindern nicht möglich ist, diese Filme aufzuzeichnen.
Argument	Was das Ausleihen von Gewaltvideos betrifft, so sind die Maßnahmen noch näher liegend.
Vorschlag	Videoverleiher müssen das Alter der Kunden stärker als bisher kontrollieren, indem es auf den Bezieherausweisen vermerkt wird oder ein zusätzlicher Ausweis beim Ausleihen dieser Videos nötig ist.
Folgerung	So kann man ganz einfach verhindern, dass Kriegsfilme oder brutale Actionfilme in die Hände von Kindern gelangen. Was die Kinder zu Hause machen, liegt – ähnlich wie beim Fernsehprogramm – in der Hand der Eltern.
Überleitung	Damit sind wir beim zweiten wesentlichen Ansatzpunkt.
These	Aggressionen von Kindern könnten sicher abgebaut werden, wenn man ihr Umfeld verbessern würde.

Argument	Dazu kann die Schule durch die Einrichtung kleinerer Klassen ganz gut beitragen, in denen sich der Lehrer wieder mehr um den einzelnen Schüler kümmern kann.
Beispiel	Eine weitere Möglichkeit, Kinder zu beschäftigen, ist das Angebot von Ganztagsschulen oder zumindest von Hausaufgabenbetreuung am Nachmittag.
Beleg	Kinder und Jugendliche werden dort ordentlich betreut und verbringen ihre Zeit sinnvoll mit Gleichaltrigen. Sie müssen also nicht mehr ihre Zeit vor dem Fernseher oder mit Computerspielen vertreiben.
Argument	Hierbei ist der Staat gefordert, solche Möglichkeiten in ausreichender Zahl zu schaffen.
Vorschlag	Er könnte auch das Freizeitangebot für Kinder und Jugendliche allgemein verbessern durch die Unterstützung von Jugendtreffs und den Bau von Spiel- und Sportstätten.
These	Darüber hinaus muss unbedingt ein Umdenken bei Erwachsenen erfolgen.
Argument	Die Erziehung sollte sich weg vom Konsumdenken hin zu Werten wie Vertrauen, Geborgenheit und Liebe bewegen.
Beleg	Mal ein Ausflug mit den Eltern ist den Kleinen sowieso lieber als das zwanzigste ferngesteuerte Auto.
Argument	Dabei geht es nicht in erster Linie um Zeit, sondern überhaupt um die Zuneigung der Eltern.
Beleg	Neuere Forschungen haben ergeben, dass Kinder sehr gut bei allein erziehenden oder berufstätigen Müttern aufwachsen können, wenn diese und die Väter eine bestimmte Zeit des Tages mit den Kindern verbringen.
Folgerung	Es geht also nicht um Quantität, sondern um Qualität.
Ausblick	Die Aggressivität der Kinder und Jugendlichen geht in eine gefährliche Richtung. Es ist kein Einzelfall mehr, dass Mitschüler brutal zusammengeschlagen werden oder dass auf Lehrer geschossen wird.

Bisher dachte man, so etwas passiere nur in Amerika. Aber amerikanische Verhältnisse rücken immer näher.
Es ist höchste Zeit, diese Entwicklung ernst zu nehmen und durch geeignete Maßnahmen abzufangen. Begreifen wir Aggressionen endlich auch als Hilfeschrei von Kindern, die sich nicht anders ausdrücken können!

3 Die mehrteilig-lineare Erörterung für Fortgeschrittene

Sobald du mit Hilfe einfacherer linearer Themen trainiert hast, kannst du dich an die etwas anspruchsvolleren Erörterungen wagen.

Im zweiten Jahr der Erörterung werden genau wie im ersten Jahr mehrteilig-lineare Themen gestellt. Es gibt aber zwei Unterschiede:

- ✗ Langsam verabschieden wir uns von Themen, bei denen ein persönlicher Bezug erwünscht ist. Fragestellungen wie: *Was meinst du persönlich?* oder Anweisungen wie: *Finde Beispiele aus deiner näheren Umgebung / aus deinem persönlichen Bereich!* kommen seltener oder überhaupt nicht mehr vor.

- ✗ Die Themen werden abstrakter, betreffen aber immer noch deinen Lebens- und Gedankenbereich. Es geht um gesellschaftspolitische Themen wie Medien, Umwelt, Computer, gesellschaftliche Werte usw.

Solche Themen können auch schon am Anfang des Erörterns auftauchen, haben dann aber meist den schon erwähnten persönlichen Bezug und werden auf einfacherem Niveau abgehandelt. Da du schon etwas Übung im Erörtern hast, wird jetzt einfach ein wenig mehr verlangt.

Aber keine Angst! Was du schon kannst, sollst du auch auf schwierigere Themen anwenden. Unser Arbeitsplan in sechs Stufen gilt in höheren Klassen ebenso wie am Anfang.

Hier ein typisches Thema für das 10. Schuljahr:

> **Immer mehr Angehörige verschiedener Nationen und Kulturen leben in Deutschland zusammen.**
> **Welche Probleme treten dabei auf und welche Chancen ergeben sich durch diese Entwicklung?**

1 Erfassung des Themas

Denken wir zunächst wieder über die Themafrage nach:

> **Immer mehr Angehörige verschiedener Nationen und Kulturen leben in Deutschland zusammen.**
> **Welche Probleme treten dabei auf und welche Chancen ergeben sich durch diese Entwicklung?**

Was bedeuten die Themenbegriffe *Angehörige verschiedener Nationen und Kulturen* sowie *Zusammenleben in Deutschland*? Deutsche und Ausländer leben zusammen. Soweit ist alles klar.

Welche Probleme treten dabei auf, welche Chancen ergeben sich?
Es geht um das Zusammenleben von verschiedenen Gruppen von Ausländern und Deutschen in Deutschland.

Die beiden Aspekte, unter denen du erörtern sollst, heißen: *Probleme und Chancen*.

Damit hat das Thema eine klare Zweiteilung:

- ✗ Im ersten Teil stellst du die Schwierigkeiten dar, die sich ergeben, wenn Deutsche und Ausländer, die verschiedene Sitten, Lebensgewohnheiten und Religionen haben, in unserem Land miteinander auskommen müssen.
- ✗ Im zweiten Teil zeigst du, welche Vorteile sich aus diesem erzwungenen Zusammenleben von Deutschen und Nicht-Deutschen ergeben.

Das schaffen wir doch, oder?

Tipp: Lass dich nicht ins Bockshorn jagen von Fragestellungen, die dir nicht sofort klar sind. Prüfe Wort für Wort und versuche das Thema mit deinen Worten auszudrücken – ähnlich wie bei unserem Beispiel hier.

2 Sammlung und Ordnung von Ideen

Nimm am besten zwei Blätter, auf die du jeweils das Wort *Probleme* oder *Chancen* schreibst. So kannst du deine Ideen gleich kanalisieren. Eigentlich fangen wir sofort mit der Stoffordnung an. Du weißt ja, dass das für einen Fortgeschrittenen mit einer gewissen Erfahrung möglich ist.

3 Erstellung einer Gliederung des Hauptteils

An dieser Stelle zeigen wir dir eine zweite Form der Gliederung, die so genannte *numerische Gliederung*, auch *reines Ziffernsystem* genannt.

Du erinnerst dich sicher an die Buchstaben-Zahlen-Gliederung, das alphanumerische Gliederungssystem (siehe Seite 26). Im Folgenden sind beide Formen nebeneinander gestellt. Das alphanumerische System wird mehr in den Geisteswissenschaften bevorzugt, während die Naturwissenschaftler häufiger das numerische System benutzen.

Probier aus, was dir besser liegt. Das numerische System erfordert tatsächlich einen Blick für Zahlen, damit man sich im Dschungel der Nummerierungen nicht verliert.

Wichtig: Nach der letzten Ziffer kommt kein Punkt:

2.1.1.1

Auch wenn nur eine Ziffer verwendet wird, fehlt der Punkt:

1 *Einleitung*
2 *Hauptteil*
...

Möglichkeit I	**Möglichkeit II**	
A Einleitung	1	Einleitung
B Hauptteil	2	Hauptteil
I. Erste These	2.1	Erste These
1. Argument	2.1.1	Argument
a) b) } Einzelaspekte c)	2.1.1.1 2.1.1.2 2.1.1.3	Einzelaspekte
2. Argument	2.1.2	Argument
a) b) } Einzelaspekte c)	2.1.2.1 2.1.2.2 2.1.2.3	Einzelaspekte
II. Zweite These	2.2	Zweite These
1. Argument	2.2.1	Argument
a) b) } Einzelaspekte c)	2.2.1.1 2.2.1.2 2.2.1.3	Einzelaspekte
2. Argument	2.2.2	Argument
a) b) } Einzelaspekte c)	2.2.2.1 2.2.2.2 2.2.2.3	Einzelaspekte
III. Eigene Meinung / Zusammenfassung	2.3	Eigene Meinung / Zusammenfassung
C Schluss	3	Schluss

4+5 Einleitung und Schluss

Da die Verfasserin unseres Aufsatzbeispiels einen spanischen Vater hat, bietet sich ein persönlicher Einstieg an:

Da mein Vater Spanier ist und wir auch spanische Bekannte hier im Umkreis haben, habe ich mir Gedanken darüber gemacht, welche Chancen, aber auch welche Probleme die steigende Ausländerzahl für Deutschland hat.

Sicherlich findest auch du einen persönlichen Einstieg oder einen aktuellen Bezug zu unserem Thema – und sei es der „Italiener oder Grieche an der Ecke", bei dem man gut isst:

Der Ausruf: „Ach, gehen wir heute doch mal zum Italiener oder zum Griechen essen" ist häufig zu hören. Doch die meisten von uns denken gar nicht darüber nach, wie viele Ausländer eigentlich bei uns leben. Vieles ist irgendwie selbstverständlich geworden.

Natürlich könntest du ebenso einen historischen Abriss versuchen. Ausländer in Deutschland, das ist ja eine Erscheinung, die es erst seit den sechziger Jahren gibt. Sicher weißt du, dass die ersten „Gastarbeiter", wie man sie damals nannte, Italiener waren. Später kamen Griechen, Spanier und Türken nach. Daraus lässt sich gut etwas machen.

Hier nun die komplette Einleitung zu unserem Beispielthema:

Dass in Deutschland immer mehr Angehörige verschiedener Staaten und Kulturen leben, merkt man spätestens dann, wenn man das Telefonbuch aufschlägt und sich die Namen einmal genauer ansieht. Da heißt es dann *Perez Sanchez*, *Suquet*, *Smith* etc., alles uns vielleicht bekannte Namen, die wir leicht einzelnen Nationalitäten zuordnen können.

Auch der Ausruf: „Ach, gehen wir heute doch mal zum Italiener oder zum Griechen essen“ ist häufig zu hören. Doch die meisten von uns denken gar nicht darüber nach, wie viele Ausländer eigentlich bei uns leben. Vieles ist irgendwie selbstverständlich geworden.

Da mein Vater Spanier ist und wir auch spanische Bekannte hier im Umkreis haben, habe ich mir Gedanken darüber gemacht, welche Chancen, aber auch welche Probleme die steigende Ausländerzahl für Deutschland hat.

Die Schülerin steigt mit etwas ganz Einfachem ein: mit ausländischen Namen. Danach kommt das Beispiel der italienischen und griechischen Restaurants. Der Leser wird so geschickt in die Einleitung einbezogen. Am Ende der Einleitung erscheint dann der persönliche Bezug zum Thema (Vater ist Spanier). Gleichzeitig weist sich die Verfasserin damit als Expertin für das gestellte Thema aus. Der Leser ist interessiert.

Beachte auch die Themafrage, die mit der Begründung für die Wahl des Themas verknüpft ist: *Da mein Vater Spanier ist (...), habe ich mir Gedanken darüber gemacht (...).*

Im Schlussabschnitt schafft die Schülerin einen Rahmen für ihren Aufsatz, indem sie ihre Herkunft noch einmal aufgreift. Das genügt ihr aber nicht. Sie gibt noch einen Ausblick, indem sie die Probleme in Deutschland in den größeren Kontext von Europa stellt:

Da mein Vater Spanier ist, habe ich zum gestellten Thema natürlich einen besonderen Bezug. Ich kann nur betonen, dass mein Vater und ich uns in Deutschland wohl fühlen. Das gilt nicht nur für uns, sondern auch für viele andere Ausländer. Deutschland ist für uns tatsächlich zur Heimat geworden.

Abschließend hoffe ich, dass sich die Probleme nicht verschlimmern, sondern dass wir sie gemeinsam lösen können.
Im Hinblick auf Europa können wir in Deutschland schon ein bisschen üben.

Schau dir jetzt die komplette Gliederung an, bevor wir anschließend über die Vertextung reden:

1 Einleitung

Ausländische Bekannte im eigenen Umkreis

2 Hauptteil

Deutschland als Lebensraum für immer mehr Angehörige verschiedener Nationen und Kulturen

2.1 Probleme, die diese Entwicklung mit sich bringt

2.1.1 Gewalttätiges Verhalten gegenüber Ausländern
2.1.1.1 Übergriffe auf ausländische Schulkinder
2.1.1.2 Kämpfe zwischen Gruppen verschiedener Nationalitäten
2.1.2 Angst vor weniger Arbeitsplätzen für Deutsche
2.1.3 Forderung nach mehr politischer Mitsprache für ausländische Mitbürger
2.1.4 Verlust der eigenen Kultur

2.2 Chancen dieser Entwicklung

2.2.1 Einblicke in andere Kulturen
2.2.2 Erkennen der eigenen Kultur und Religion
2.2.3 Verstärkter Abbau von Vorurteilen
2.2.4 Förderung der Völkerverständigung

2.3 Beschränkung der Einwandererzahlen als Lösungsvorschlag

3 Schluss

Hoffnung auf bessere Verständigung unter den verschiedenen Nationalitäten

Sicher ist dir sofort der Punkt 2.3 aufgefallen. Darüber haben wir noch nicht gesprochen. Manche Lehrer verlangen von ihren Schülern am Ende des Hauptteils eine kurze Zusammenfassung der Ergebnisse. In einigen Fällen ist hier auch der Platz für deine persönliche Stellungnahme. Frage deinen Lehrer, was er haben möchte! Wie kann so etwas aussehen?

Nach diesen günstigen Aussichten möchte ich doch noch einmal zu den Problemen zurückkehren, die die steigende Zahl von Asylbewerbern mit sich bringt. Mit den Ängsten und Ressentiments der Menschen muss vorsichtig umgegangen werden. Am sinnvollsten erscheint mir deshalb eine Kontingentierung und damit Festlegung der Einwandererzahlen.

6 Vertextung des Hauptteils

Wende jetzt das Schema an, das wir schon vorgestellt haben. Du unternimmst also folgende Arbeitsschritte:

- ✗ Ausformulierung des Arguments
- ✗ Darstellung der allgemeinen Richtigkeit der Arguments (= Begründung / Beleg)
- ✗ Anwendung der Begründung auf einen speziellen Fall (= Beispiel)
- ✗ Herstellung des Themabezugs

Ein Hinweis für abstraktere Themen: Nicht in jedem Fall wird es dir gelingen, gute Beispiele aus deiner näheren Umgebung zu finden. Zu leicht klingt es banal, wenn man schreibt:
„Neulich hatte ich mit meiner Freundin / meinem Freund ein ähnliches Problem …"

Wenn kein direkter persönlicher Bezug in der Themenstellung verlangt ist, vermeide zu persönliche Aussagen und hebe deine Belege und Beispiele auf ein allgemeines Niveau!

Aufsatzbeispiel

Immer mehr Angehörige verschiedener Nationen und Kulturen leben in Deutschland zusammen. Welche Probleme treten dabei auf und welche Chancen ergeben sich durch diese Entwicklung?

Gliederung

1 Einleitung

Ausländische Bekannte im eigenen Umkreis

2 Hauptteil

Deutschland als Lebensraum für immer mehr Angehörige verschiedener Nationen und Kulturen

2.1 Probleme, die diese Entwicklung mit sich bringt

2.1.1 Gewalttätiges Verhalten gegenüber Ausländern
2.1.1.1 Übergriffe auf ausländische Schulkinder
2.1.1.2 Kämpfe zwischen Gruppen verschiedener Nationalitäten
2.1.2 Angst vor weniger Arbeitsplätzen für Deutsche
2.1.3 Forderung nach mehr politischer Mitsprache für ausländische Mitbürger
2.1.4 Verlust der eigenen Kultur

2.2 Chancen dieser Entwicklung

2.2.1 Einblicke in andere Kulturen
2.2.2 Erkennen der eigenen Kultur und Religion
2.2.3 Verstärkter Abbau von Vorurteilen
2.2.4 Förderung der Völkerverständigung

2.3 Beschränkung der Einwandererzahlen als Lösungsvorschlag

3 Schluss

Hoffnung auf bessere Verständigung unter den verschiedenen Nationalitäten

Ausführung

Persönlicher Bezug	Dass in Deutschland immer mehr Angehörige verschiedener Staaten und Kulturen leben, merkt man spätestens dann, wenn man das Telefonbuch aufschlägt und sich die Namen einmal genauer ansieht. Da heißt es dann *Perez Sanchez, Suquet, Smith* etc., alles uns vielleicht bekannte Namen, die wir leicht einzelnen Nationalitäten zuordnen können.
Aktueller Bezug	Auch der Ausruf: „Ach, gehen wir heute doch mal zum Italiener oder zum Griechen essen" ist häufig zu hören. Doch die meis-ten von uns denken gar nicht darüber nach, wie viele Ausländer eigentlich bei uns leben. Vieles ist irgendwie selbstverständlich geworden.
Themafrage	Da mein Vater Spanier ist und wir auch spanische Bekannte hier im Umkreis haben, habe ich mir Gedanken darüber gemacht, welche Chancen, aber auch welche Probleme die steigende Ausländerzahl für Deutschland hat.
These	Ein sehr großes Problem, mit dem jeder fast tagtäglich – und sei es auch nur über die Medien – konfrontiert wird, ist der immer stärker werdende Ausländerhass in Deutschland.
Argument	Es gibt mehr und mehr Menschen, vor allem junge Leute, die zwar nicht unbedingt als Neo-Nazis oder politisch rechts einzustufen sind, die aber dennoch gegen die vielen ausländischen Mitmenschen eingestellt sind.
Beleg	Wie oft hört man, dass wieder einmal ein türkisches Kind von einer Gruppe deutscher Jungen gehänselt, beschimpft und verprügelt wurde. Die Anzahl solcher Vorfälle nimmt von Tag zu Tag zu und die Gewalttaten gegenüber Ausländern scheinen immer schrecklicher zu werden.
Beleg	Viele ausländische Jugendliche, die sich wehren können, geraten in die schlimmsten Kämpfe und üben Rache an einzelnen Deutschen, die vielleicht nichts mit vorhergegangenen Prügeleien zu tun hatten.

Argument	Es ist traurig sehen zu müssen, wie an einigen Schulen Hass zwischen den Nationalitäten entsteht und wie sich vorherige Freunde auf einmal wegen ihrer Nationalität als Feinde gegenüberstehen.
Erklärung	Ein Grund für diese Handlungsweise von Seiten der Deutschen ist der Neid, den sie auf Ausländer haben.
Konkretes Beispiel	Man schlägt die Schaufenster eines türkischen Gemüseladens oder eines italienischen Feinkostgeschäftes ein, weil man es nicht ertragen kann, dass auch Ausländer mit ihren Geschäften erfolgreich sind und dass sie sich ihre Existenz in Deutschland aufbauen. Diese Taten sind nicht gerechtfertigt – und doch lassen viele ihren Frust und ihren Neid am Eigentum von Ausländern aus. Besser gesagt: Sie sind neidisch darauf, dass ein Angehöriger einer anderen Nationalität einen Arbeitsplatz hat und Geld verdient. Ob dieser neidische Deutsche diese Arbeit nun wirklich ausführen würde, ist eine andere Frage. Denn wie viele gönnen es anderssprachigen Mitmenschen nicht, dass diese einen Job haben und sich etwas leisten können, sie selber aber keinen, obwohl sie sich vielleicht gerade eine Woche vorher noch geweigert haben, diese „erniedrigende Arbeit“ anzunehmen. Als Beispiel seien hier die Tätigkeiten eines Müllmannes oder Straßenkehrers genannt.
These	Das Problem der steigenden Arbeitslosigkeit unter Deutschen ist ein Schlüssel zum Verständnis der Probleme zwischen Deutschen und Ausländern.
Argument	Die Arbeitslosigkeit nimmt immer mehr zu und das wird in absehbarer Zeit wohl auch so bleiben. Dadurch, dass Deutschland so viele Gastarbeiter aus anderen Staaten aufnimmt, wird die Chance für einen Deutschen, eine Stelle zu bekommen, nur noch geringer – glauben viele Deutsche.
Beleg	In Wahrheit ist es so, dass viele Ausländer Arbeiten verrichten müssen, um die sich deutsche Arbeitslose – zum Teil wegen Überqualifikation – gar nicht bewerben würden.

Wenn sich aber ein Deutscher und sein ausländischer Mitbürger um eine Arbeit bewerben und der Deutsche keinen guten Abschluss hat, der Ausländer jedoch ein qualifizierter Fachmann ist, so wird dieser dem Deutschen wahrscheinlich vorgezogen werden.

These

Ein weiterer wesentlicher Gesichtspunkt ist die Angst einiger Deutscher vor „Überfremdung". In bestimmten Vierteln der größeren Städte hört man kaum noch ein deutsches Wort.

Argument

Man malt sich die Gefahr aus, dass eine große Gruppe von Ausländern, die zunächst das Kommunalwahlrecht und dann das Recht auf Abgeordnete im Bundestag fordern, die Regierungsbildung für sich beeinflussen könnten, wenn sie sich zusammenschlössen, um ihren Willen in Deutschland gemeinsam durchzusetzen.

Beleg

So gibt es ja auch Interessenverbände türkischer Geschäftsleute. Ähnliches ist auf politischer Ebene natürlich ebenso vorstellbar.

These

Viele verstehen unter „Überfremdung" aber auch eine Überlagerung unserer Kultur durch ausländische Mitbürger.

Argument

Je mehr Ausländer zu uns kommen, desto mehr Einflüsse aus ihrem eigenen Kulturbereich bringen sie mit. Dass das aber eher eine Chance als eine Gefahr für die Deutschen ist, soll im Folgenden noch näher ausgeführt werden.

Überleitung

Neben den aufgezählten Problemen und Ängsten der Menschen dürfen jedoch die Chancen dieser Entwicklung auf keinen Fall vergessen werden.

These

Um beim Thema „Kultur" zu bleiben: Es kann von großem Vorteil sein, anders denkende und anders erzogene Menschen direkt in der Nähe zu haben, da man so am besten die fremden Kulturen kennen lernt.

Argument

Von ausländischen Freunden erfährt man mehr über ihre Sitten, Bräuche und ihre Denkweise. Man lernt sie und ihr Verhalten verstehen und man setzt sich mit Fremdem auseinander. Die

Folge davon kann sein, dass man die eigene Kultur und Religion eingehender unter die Lupe nimmt.

Beleg — Mancher entdeckt, warum er sich in seiner Religion zum Beispiel nie wohl gefühlt hat.

Beispiel — Er hat direkt in der Nähe, nämlich bei seinen Mitmenschen, Vergleichsobjekte und findet vielleicht sogar heraus, dass er lieber wie sein Freund Moslem sein möchte.

These — Es gibt dabei so viele Möglichkeiten, seinen eigenen Weg zu finden.

Argument — Beim Vergleichen kann es aber genauso gut passieren, dass man die Vorteile der eigenen Gesellschaft, Kultur und Religion erst so richtig zu würdigen weiß.

Beispiel — Wenn zum Beispiel eine Deutsche vergleicht, was sie darf und was vielleicht ihre arabische Freundin darf bzw. wie viele Regeln für arabische Frauen gelten, so kann sie sich um so glücklicher schätzen eine Deutsche zu sein.

These — Ein ganz wichtiger Punkt besteht darin, dass durch das gegenseitige Kennenlernen Vorurteile gegenüber Ausländern abgebaut werden können.

Argument — Einem Menschen, der irgendwo in einem fernen Land lebt oder mit dem man sich im eigenen Land nicht abgibt, kann man schneller schlechte Dinge nachsagen als dem Ausländer, der nebenan wohnt und auf dessen Hochzeit man eingeladen war.

Beleg — Deutsche haben die Chance, verschiedenste Menschen in ihrem eigenen Land kennen zu lernen und die meisten sehen, dass es unter Ausländern genauso viele gute wie schlechte Menschen gibt wie unter ihnen.

Beispiel — In einem Bereich haben wir die Vorurteile recht schnell abgebaut – beim Essen.
Was täten wir ohne all die italienischen, griechischen, türkischen oder chinesischen Lokale? Wer hat das leckerste Eis? Die italienische Eisdiele natürlich. Wir nehmen das vielleicht gar nicht mehr so wahr, weil für uns Pizza und Döner zum Alltag gehören.

Überleitung	Diese banalen Beispiele zeigen, dass eine Annäherung möglich ist.
These	Dass es sehr wichtig ist, dass wir all diese Chancen wahrnehmen, versteht sich von selbst.
Argument	In Deutschland müssen die Menschen verschiedener Rassen und Herkunft lernen miteinander auszukommen. Friede kann nur herrschen, wenn sich alle respektieren und tolerieren.
Beispiel	Eine spanische Bekannte lebte einige Jahre in Deutschland, fand Freunde und fühlte sich hier sehr wohl. Zurückgekehrt nach Spanien, erzählte sie jedem von ihren positiven Erlebnissen in Deutschland.
Beleg	So entsteht in kleinen Schritten auch Völkerverständigung.
Zusammenfassung	Nach diesen günstigen Aussichten möchte ich doch noch einmal zu den Problemen zurückkehren, die die steigende Zahl von Asylbewerbern mit sich bringt. Mit den Ängsten und Ressentiments der Menschen muss vorsichtig umgegangen werden.
Lösungsvorschlag	Am sinnvollsten erscheint mir deshalb eine Kontingentierung und damit Festlegung der Einwandererzahlen.
Persönlicher Themabezug	Da mein Vater Spanier ist, habe ich zum gestellten Thema natürlich einen besonderen Bezug. Ich kann nur betonen, dass mein Vater und ich uns in Deutschland wohl fühlen. Das gilt nicht nur für uns, sondern auch für viele andere Ausländer. Deutschland ist für uns tatsächlich zur Heimat geworden.
	Abschließend hoffe ich, dass sich die Probleme nicht verschlimmern, sondern dass wir sie gemeinsam lösen können. Im Hinblick auf Europa können wir in Deutschland schon ein bisschen üben.

C Die dialektische Erörterung

Was muss ich bei einer dialektischen Erörterung tun?

Erinnern wir uns: Die dialektische Erörterung, d. h. eine Erörterung, in der das Für und Wider einer Problemstellung diskutiert werden soll, verlangt von uns die Darstellung, Gewichtung und Abwägung gegensätzlicher Argumente und Standpunkte.

Du stehst als Verfasser zunächst über allen Argumenten und versuchst dem Leser beide Positionen klarzumachen. Durch die Anordnung dieser Positionen kannst du aber durchaus kennzeichnen, welcher Seite du zuneigst. Als Profi wirst du durch die so genannte *Synthese* (= Abwägung der Punkte) die Möglichkeit haben, die vorgebrachten Argumente zu beurteilen und eindeutig für Pro oder Contra Stellung zu beziehen.

Bei der dialektischen Erörterung gibt es keine weitere Unterteilung, wie wir es bei der linearen Erörterung gemacht haben. Die dialektische Erörterung erscheint nur in einfachen und in schwierigeren Formen. Einfache dialektische Themen begegnen dir meist schon am Anfang deiner „Erörterungskarriere".

1 Die dialektische Erörterung für Einsteiger

Wir beginnen mit einem Thema, das mit deinem persönlichen Erfahrungshintergrund zu tun hat:

> Viele Jugendliche engagieren sich in einem Sportverein. Erörtere, welche Gründe dafür sprechen, einem Sportverein beizutreten, und welche Gründe dagegen sprechen!

1 Erfassung des Themas

Bei der Erfassung des Themas ist jede Einzelheit wichtig. Die Erörterungsthemen sind wohl überlegt gestellt. Genauso wohl überlegt müssen wir die Themenstellung analysieren.

Suchen wir also zuerst wieder nach Hinweisen auf die Erörterungsform. Die Begriffe *dafür* und *dagegen* weisen eindeutig auf eine dialektische Erörterung hin. Wenn du ein gutes Gedächtnis hast, wirst du jetzt einwenden, dass der Begriff *Gründe* eigentlich für ein lineares Thema spricht. Damit hast du vollkommen Recht. Lass dich aber von dem Wort *Gründe* nicht irritieren! Man könnte auch *Argumente* dafür sagen.
Schwerer wiegen die Begriffe *dafür* und *dagegen*. Sie qualifizieren die Themenstellung als dialektisch.

Schau dir zwei weitere Themen an:

Computer für Jugendliche: **Erörtere** Vor- und Nachteile!

Ist der Besuch von Tanzstunden heute noch zeitgemäß?
Diskutiere das **Für** und **Wider** eines Tanzkurses!

Hier wird dir ja die Gliederung deines Themas mundgerecht serviert. Schreibe einfach über die *Vor- und Nachteile* von Computern für Jugendliche – oder über das *Für und Wider* eines Tanzkurses.

Fassen wir zusammen

- ✗ *Pro und Contra, Für und Wider, Vorteile und Nachteile, dafür und dagegen* weisen auf eine dialektische Aufgabenstellung hin. Halte Ausschau nach Gegensatzpaaren!
- ✗ Achte außerdem auf Formulierungen wie *Diskutiere!, Erörtere!, Setze dich auseinander!* oder *Nimm kritisch Stellung!* Sie zeigen dir ebenfalls, dass eine dialektische Erörterung gefordert ist.

Kehren wir zu unserem Beispielthema zurück. Welches sind die zentralen Begriffe der Aufgabenstellung?

Tipp: Wenn du nicht mehr genau weißt, was ein zentraler Begriff ist, dann schau auf Seite 18 nach.

Die zentralen Begriffe sind hier *Jugendliche* und *Sportverein*. Die Tatsache, dass sich viele Jugendliche heutzutage in einem Sportverein engagieren, ist genau genommen nur der Aufhänger für das Thema. Du sollst vielmehr diskutieren, ob man als Jugendlicher Mitglied in einem Sportverein werden sollte oder nicht. Damit haben wir die Themafrage schon gestellt:

Soll man als Jugendlicher Mitglied in einem Sportverein werden oder nicht?

Fassen wir zusammen

Oft ist die erste Zeile des Themas nur der Einstieg in das Thema. Ebenso wichtig ist die genaue Analyse der Fragestellung in der zweiten Zeile des Themas.

Checkliste

- ☑ Thema gründlich erschließen
- ☑ Themabegriff klären
- ☑ Themafrage stellen

2 Sammlung und Ordnung von Ideen

Dieser Schritt ist bei jedem Erörterungstyp gleich. Schreibe zunächst alles auf, was dir einfällt. Deine Ideensammlung könnte so aussehen:

Gesundheit: Vorsicht, Wendeargument!
viele Leute
Wettkämpfe
Spaß mit anderen
Verletzungsgefahr
sich durchsetzen
Beiträge
zu Hause Langeweile
Was will ich im Sportverein?

Dein Zettel enthält sicher noch andere Gesichtspunkte, aber auf die gedankliche Verknüpfung Sportverein / Gesundheit kommt wohl jeder, der sich mit dem Thema beschäftigt.

Die Schülerin, die die Aufsatzbeispiel verfasst hat, hat sich eine Notiz zum Stichwort *Gesundheit* gemacht. Sie hat *Vorsicht, Wendeargument!* ergänzt. Was bedeutet das? Es gibt Gesichtspunkte, die je nach Argumentationsaufbau pro oder contra verwendet werden können. Der Bereich Kosten wäre ein Beispiel. Du könntest schreiben, dass man bei einem Sportverein Beiträge zahlen muss, also Kosten für dich oder deine Eltern entstehen. Ebenso könntest du aber schreiben, dass man in einem Sportverein Trainingsgeräte unentgeltlich benutzen darf – und so Kosten spart. Beides ist legitim, es darf nur nicht im selben Aufsatz stehen! Verstehst du jetzt, was ein Wendeargument ist?

Wie sieht es mit dem Argument *Gesundheit* aus? Durch ehrgeizige Trainer oder durch Nachlässigkeit beim Geräteaufbau können Kinder im Sportverein verletzt werden. Sie gehen also ein gesundheitliches Risiko ein. Dieses Argument gilt jedoch nicht generell, sondern nur mit den beschriebenen Einschränkungen. Jeder von uns weiß, dass die Gesundheit durch regelmäßigen Sport gestärkt wird. Wie bringt man beide Gedanken unter?

Am besten, indem man sie mit den entsprechenden Einschränkungen und Querverweisen sehr vorsichtig formuliert.

Kommen wir jetzt zur Stoffordnung. Bilde mit einer Methode, die dir liegt (Farbstifte oder Symbole), zwei Gruppen:

Argumente für einen Beitritt

+ viele Leute, Spaß mit anderen, sich durchsetzen

→ Förderung sozialer Fähigkeiten = Oberpunkt

soziale Kontakte
Einfügen in die Gemeinschaft } *= Unterpunkte*

+ zu Hause Langeweile

→ sinnvolle Freizeitgestaltung

Zum Thema *Gesundheit* nimmst du noch den positiven Aspekt der Gesundheitsvorsorge dazu:

+ Kräftigung der Gesundheit durch regelmäßiges und maßvolles Training.

Argumente gegen einen Beitritt

– Beiträge
→ finanzielle Belastung

– Wettkämpfe
→ Zeitaufwand

– Verletzungsgefahr
→ Gesundheitsrisiko

Auch für die dialektische Erörterung gilt: Nicht die Fülle der Gedanken ist ausschlaggebend, sondern ihre gute Formulierung. Führe also lieber wenige gute Argumente sorgfältig aus!

Fassen wir zusammen

Aus der Masse von Ideen bilden wir zwei Blöcke: Pro und Contra.
Innerhalb der Blöcke versuchen wir eine Binnengliederung nach Ober- und Unterpunkten. Wir fragen uns: Welcher Gesichtspunkt ist der übergeordnete, welcher der untergeordnete?

Checkliste

- ☑ Ideen sammeln
- ☑ Blöcke bilden
- ☑ Ober- und Unterpunkte finden
- ☑ Wendeargumente entlarven

3 Erstellung einer Gliederung des Hauptteils

Wichtig: Bei der dialektischen Erörterung stellst du die Position, die du nicht unbedingt einnimmst, an den Anfang. Die Position, der du dich auf jeden Fall anschließt, stellst du an die zweite Stelle. Das stärkste Argument kommt dabei an den Schluss.

Jetzt wirst du einwenden, dass du den Leser doch objektiv beraten sollst. Die Erörterung ist eine schulische Kunstform. Du sollst an ihr lernen, andere Positionen als deine eigene zu sehen und darzustellen. Auch später – zum Beispiel bei Diskussionen im Alltag – wird es nützlich sein, die Argumente der „gegnerischen Seite“ zu kennen und ihnen nicht nur durch eine gute Argumentation zu begegnen, sondern auch durch eine geschickte Anordnung der einzelnen Argumente. Die zuletzt genannten Argumente bleiben immer am besten im Gedächtnis. Denk daran, dass du den letzten Satz des Lehrers meist wiederholen kannst, auch wenn du vorher nicht so gut aufgepasst hast … Wenn deine Argumente also gut und geschickt angeordnet sind, dann hast du schon gewonnen.

Der Standpunkt, den du einnimmst, kommt also an die zweite Stelle. Innerhalb der Standpunkte stellst du das beste Argument an den Schluss. Am redlichsten ist es, wenn du die Argumente bei Pro und Contra gleichermaßen so anordnest.

Trick: Es gibt darüber hinaus die Möglichkeit, die „gegnerische“ Position noch weiter zu schwächen, indem man bei dem Teil, mit dem man nicht einverstanden ist, mit dem stärksten Argument beginnt.

In unserem Fall ist die Anordnung der Pro-Argumente eindeutig:

- ✗ **Kräftigung der Gesundheit** ← schwächstes Argument
- ✗ **sinnvolle Freizeitgestaltung** ← mittleres Argument
- ✗ **Förderung sozialer Fähigkeiten** ← stärkstes Argument

Am Ende der Gliederung (nach der These und der Antithese) gibt es manchmal noch einen weiteren Gliederungspunkt: die Synthese. Das ist eine Abwägung und Bewertung aller Argumente.

Aber: Nicht jedes dialektische Thema erfordert eine Synthese. Wenn die beiden Standpunkte unvereinbar sind oder wenn man eigentlich weitere Unterscheidungen treffen müsste, um das Thema erschöpfend zu behandeln, kann man auf die Synthese verzichten. Einsteiger müssen normalerweise auch noch keine Synthese schreiben.

Schau dir jetzt ein Thema an, bei dem es keine Synthese geben kann:

Sport ist heute ein Geschäft wie jedes andere.
Diskutieren Sie diese Behauptung!

Dieses Thema erfordert eine sehr stark differenzierende Behandlung. Man kann zunächst nur Ideen sammeln, auf welchen Gebieten Sport ein Geschäft ist und auf welchen nicht. Das Thema läuft letztendlich auf die Unterscheidung Breitensport / Profisport hinaus. Dabei kann es keine Abwägung der Argumente geben. Der Leser muss sich nicht zwischen zwei Alternativen entscheiden. Daher muss er auch nicht mit Hilfe einer Synthese endgültig beraten werden.

Gliederungsformen für dialektische Themen:

Möglichkeit I		**Möglichkeit II**	
A Einleitung		1	Einleitung
B Hauptteil		2	Hauptteil
I. These		2.1	These
1. Argument		2.1.1	Argument
a)		2.1.1.1	
b)	Einzelaspekte	2.1.1.2	Einzelaspekte
c)		2.1.1.3	
2. Argument		2.1.2	Argument
a)		2.1.2.1	
b)	Einzelaspekte	2.1.2.2	Einzelaspekte
c)		2.1.2.3	
II. Antithese		2.2	Antithese
1. Argument		2.2.1	Argument
a)		2.2.1.1	
b)	Einzelaspekte	2.2.1.2	Einzelaspekte
c)		2.2.1.3	
2. Argument		2.2.2	Argument
a)		2.2.2.1	
b)	Einzelaspekte	2.2.2.2	Einzelaspekte
c)		2.2.2.3	
(III. Synthese)		(2.3	Synthese)
C Schluss		3	Schluss

So kann eine Gliederung des Hauptteils für unser Beispielthema aussehen:

B Hauptteil

Soll man als Jugendlicher einem Sportverein beitreten oder nicht?

I. Gründe, die gegen einen Beitritt sprechen

1. Finanzielle Belastung
   a) durch Ausrüstung
   b) durch Beiträge

2. Zeitaufwand
   a) im Training
   b) bei Wettkämpfen

3. Gesundheitsrisiko durch Erfolgszwang

II. Gründe, die für einen Beitritt sprechen

1. Kräftigung der Gesundheit
   a) durch regelmäßiges Training
   b) durch maßvolles Training

2. Sinnvolle Freizeitgestaltung

3. Förderung sozialer Fähigkeiten
   a) Knüpfen von Sozialkontakten
   b) Einfügen in die Gemeinschaft

III. Abwägung aller Argumente

Fassen wir zusammen

Eine dialektische Gliederung umfasst neben Einleitung und Schluss die beiden großen Blöcke *These* und *Antithese*. Dazu kann noch eine *Synthese* kommen.
Auch für dialektische Themen gilt: Keine Beispiele in der Gliederung!
Die Gliederung besteht aus ganzen Sätzen oder aus der erweiterten Stichwortform.

Checkliste

- ☑ Argumente anordnen von schwach nach stark
- ☑ Position, der man selbst zuneigt, an die zweite Stelle setzen

4 Ideen für die Einleitung

Zur Erinnerung einige Möglichkeiten, welchen Aspekt du bei deiner Einleitung hervorheben kannst:

- ✘ Historischer Abriss
- ✘ Aktueller Einstieg
- ✘ Persönlicher Gedanke
- ✘ Zitat
- ✘ Statistik
- ✘ Definition
- ✘ Ausgehen vom Gegenteil

Natürlich lassen sich die verschiedenen Möglichkeiten auch kombinieren.

Wie könnte eine Einleitung zu unserem Beispielthema „Sportverein" gestaltet sein? Wenn du schon einmal etwas von Turnvater Jahn gehört hast, bietet sich ein historischer Abriss an:

Schon vor mehr als 150 Jahren erkannte Turnvater Jahn die Bedeutung des Sports für die Bevölkerung. Er gründete die ersten Sportvereine und bald verbreitete sich seine Turnbewegung über ganz Deutschland. Das ist lange her. Welche Gründe könnten in der heutigen Zeit einen Jugendlichen überzeugen, einem Sportverein beizutreten – und was spricht dagegen?

Die Verfasserin des Aufsatzbeispiels hat den Weg über persönlichen Bezug und Statistik gewählt:

> Wir Deutschen gelten in aller Welt als große Fans von Vereinen. Jugendliche bevorzugen vor allem Sportvereine. Laut einer Statistik der Süddeutschen Zeitung engagieren sich 60 Prozent aller jungen Leute in einem Sportverein. Da ich selbst Mitglied in einer Fußballmannschaft bin, möchte ich im Folgenden darstellen, was für und was gegen die Mitgliedschaft in einem Sportverein spricht.
>
> Was spricht gegen den Beitritt in einen Sportverein?

In der Gliederung umfasst der Einleitungsgedanke nur einen Satz oder einen Stichpunkt. In der Ausführung wird der Gedanke dann ausgestaltet und erweitert. Versuche dabei etwas Abwechslung in die Sache zu bringen, indem du dich um Variation bei der Wortwahl bemühst:

A Einleitung

Statistik: Jugendliche in Sportvereinen

Fassen wir zusammen

Die Einleitung führt zum Thema hin. Dafür gibt es verschiedene Möglichkeiten. Am Ende der Einleitung steht meist eine Überleitung; die Themafrage muss immer folgen.

Checkliste

- ☑ Guten Einstieg ausdenken
- ☑ Themafrage nicht vergessen

5 Schlussgedanken

Der Schluss rundet deine Arbeit ab. Er kann neue Gesichtspunkte bringen, beispielsweise in Form eines Ausblicks auf künftige Entwicklungen. Du solltest aber keinesfalls noch einmal in die Argumentation einsteigen!

Da bei unserem Thema die Themafrage durch den Punkt *Abwägung* hinreichend beantwortet ist, bietet sich die Möglichkeit an, eine Empfehlung auszusprechen und einen Blick in die Zukunft zu werfen.
In unserem Aufsatzbeispiel wird das behandelte Problem wieder in einen Rahmen gesetzt, indem sich die Verfasserin in die Zahl der Sportvereinsmitglieder einreiht. Der Gliederungspunkt lautet so:

C Schluss

Ausblick auf die Zukunft: Sport als wichtiger Ausgleich zu Schule und Beruf

In der vertexteten Form sieht der Schluss des Aufsatzbeispiels so aus:

Meiner Meinung nach ist die aktive Mitgliedschaft in einem Sportverein eine gute Sache, da man frühzeitig an Sport gewöhnt wird, der einen wichtigen Ausgleich zur Schule und später zum Beruf darstellt. Nicht immer haben die Eltern nämlich Zeit und Lust, ihre Sprösslinge mit den verschiedenen Sportarten bekannt zu machen. Dies kann aber ein Sportverein unter fachkundiger Leitung von ausgebildeten Trainern leisten.

Fassen wir zusammen

Der Schluss führt alle Gedankenstränge wieder zusammen und rundet die Arbeit ab.

Checkliste

- ☑ Keine Wiederholung der alten Argumente bringen
- ☑ Keine neuen Argumente einbauen

6 Vertextung des Hauptteils

Bei der Vertextung gehst du nach dem schon bekannten Schema vor:

- ✗ Ausformulierung des Arguments
- ✗ Darstellung der allgemeinen Richtigkeit der Arguments (= Begründung / Beleg)
- ✗ Anwendung der Begründung auf einen speziellen Fall (= Beispiel)
- ✗ Herstellung des Themabezugs

Nehmen wir ein Argument aus unserem Beispielthema. Die These für das Argument lautet: „Sportvereine bieten Vorteile“.

Argument	Im Sportverein kann man einige soziale Fähigkeiten lernen.
Beleg	Da im Training, vor allem bei einer Mannschaftssportart, immer viele Leute anwesend sind, hat man während und nach dem Training die Gelegenheit, sich mit den Mitspielern zu unterhalten und auf diese Weise neue Freundschaften zu knüpfen. So freut man sich auf die nächste Trainingsstunde, in der man seine Bekannten wieder trifft.
Beispiel	Die Eltern meiner Freundin haben sich im Tennisclub kennen gelernt und erzählen immer noch gerne von ihren ersten Tennisstunden.
Themabezug	An diesem Beispiel sieht man deutlich, wie gut sich eine sportliche Vereinigung dazu eignet, soziale Kontakte zu knüpfen.

Bevor du selbst anfängst: Arbeite noch einmal die Kapitel zur Argumentation und zur Gliederung des Textes (siehe Seite 41 bis 46) durch.

Übrigens: Die Verfasserin unseres Aufsatzbeispiels musste nur eine Gliederung erstellen und einen der beiden Hauptblöcke neben Einleitung und Schluss ausarbeiten. Du kannst dir jetzt aussuchen, ob du eine komplette Ausführung schreibst – oder nur einen Teil ausarbeitest. Das ist für Einsteiger bei der dialektischen Erörterung durchaus üblich. Du zeigst ja in der Gliederung, ob du beide Positionen einnehmen kannst.

Fassen wir zusammen

Bei der Vertextung halten wir uns an das gelernte Schema. Profis drehen manchmal das Schema um. Wichtig ist es, treffende Beispiele zu bringen und immer wieder die Verbindung zur Themafrage herzustellen.

Checkliste

- Argumente ausformulieren
- Auf Wendeargumente achten
- Gute Überleitungen finden

Aufsatzbeispiel

Viele Jugendliche engagieren sich in einem Sportverein.
Erörtere, welche Gründe dafür sprechen, einem Sportverein beizutreten, und welche Gründe dagegen sprechen!

Gliederung

A Einleitung

Statistik: Jugendliche in Sportvereinen

B Hauptteil

Soll man als Jugendlicher einem Sportverein beitreten oder nicht?

I. Gründe, die gegen einen Beitritt sprechen

1. Finanzielle Belastung
   a) durch Ausrüstung
   b) durch Beiträge

2. Zeitaufwand
   a) im Training
   b) bei Wettkämpfen

3. Gesundheitsrisiko durch Erfolgszwang

II. Gründe, die für einen Beitritt sprechen

1. Kräftigung der Gesundheit
   a) durch regelmäßiges Training
   b) durch maßvolles Training

2. Sinnvolle Freizeitgestaltung

3. Förderung sozialer Fähigkeiten
   a) Knüpfen von Sozialkontakten
   b) Einfügen in die Gemeinschaft

III. Abwägung aller Argumente

C Schluss

Ausblick auf die Zukunft: Sport als wichtiger Ausgleich zu Schule und Beruf

Ausführung

Einstieg: Statistik	Wir Deutschen gelten in aller Welt als große Fans von Vereinen. Jugendliche bevorzugen vor allem Sportvereine. Laut einer Statistik der Süddeutschen Zeitung engagieren sich 60 Prozent aller jungen Leute in einem Sportverein.
Persönlicher Bezug	Da ich selbst Mitglied in einer Fußballmannschaft bin, möchte ich im Folgenden darstellen,
Themafrage	was für und was gegen die Mitgliedschaft in einem Sportverein spricht.
Überleitung zu Contra	Was spricht gegen den Beitritt in einen Sportverein? (...)
Überleitung zu Pro	Doch es gibt auch Gründe, die für eine Mitgliedschaft in einem Sportverein sprechen.
Argument	Trotz aller Verletzungsgefahr durch allzu ehrgeiziges Training bleibt es doch eine Tatsache, dass der Breitensport die Gesundheit des Sporttreibenden fördert.
Beleg	Im Verein ist man gezwungen, seine Sportart regelmäßig auszuüben. Dadurch werden sowohl die Muskulatur gekräftigt als auch das Herz-Kreislauf-System gestärkt. Mediziner sind sich darüber einig, dass beides für die Gesunderhaltung des Körpers wesentlich ist.
Konkretes Beispiel	Meine Oma ist schon seit ihren Jugendtagen im Sportverein – heute nur noch in der Seniorengymnastik – und sie ist „fit wie ein Turnschuh". Diese Redensart ist ja nicht grundlos entstanden.
Überleitung	Zum regelmäßigen Training sollte noch etwas dazukommen, was schon angesprochen wurde.
Beleg	Maßvolles Training ist ebenso wichtig wie regelmäßiges Training.
Beispiel	Jeder von uns weiß, dass beispielsweise beim Skifahren die schwersten Unfälle nachmittags passieren, wenn man schon müde ist und nicht

	mehr so gut aufpasst. So ist es auch bei jedem Training.
Themaanbindung	Jugendliche sollten sich auf alle Fälle darüber klar werden, wie wichtig Sport für ihre Gesundheit ist.
Überleitung	Neben der Gesundheitsvorsorge ist ein weiterer Aspekt nicht zu vernachlässigen.
Argument	Sport im Verein kann eine sehr sinnvolle Freizeitgestaltung sein.
Beleg	Viele von uns wissen nach der Schule und nach Erledigung der Hausaufgaben nichts mit sich anzufangen. Diesen Jugendlichen ist ein Sportverein als Alternative zum „Rumhängen" und Fernsehen wärmstens zu empfehlen.
Konkretes Beispiel	Ich selbst spiele seit einigen Monaten in einer Damenmannschaft Fußball und habe seither keinerlei Langeweile mehr. Schließlich macht es ja auch Spaß, seine Zeit mit Gleichaltrigen zu verbringen. Damit ist der wichtigste Punkt schon angeschnitten:
Argument	Im Sportverein kann man einige soziale Fähigkeiten lernen.
Beleg	Da im Training, vor allem bei einer Mannschaftssportart, immer viele Leute anwesend sind, hat man während und nach dem Training die Gelegenheit, sich mit den Mitspielern zu unterhalten und auf diese Weise neue Freundschaften zu knüpfen. So freut man sich auf die nächste Trainingsstunde, in der man seine Bekannten wieder trifft.
Beispiel	Die Eltern meiner Freundin haben sich im Tennisclub kennen gelernt und erzählen immer noch gerne von ihren ersten Tennisstunden.
Themabezug	An diesem Beispiel sieht man deutlich, wie gut sich eine sportliche Vereinigung dazu eignet, soziale Kontakte zu knüpfen.
Beleg	Doch nicht nur die Möglichkeit, neue Freunde zu finden spricht für einen Beitritt, sondern auch der Aspekt, dass man in einem Sportverein lernt,

sich in eine Gemeinschaft einzufügen. Man muss sich unterordnen und zugleich lernen sich durchzusetzen.
Da es in einem Sportverein viele unterschiedliche Menschen gibt, kommt es manchmal vor, dass verschiedene Meinungen aufeinander prallen. Wenn es um das Siegen oder Verlieren geht, muss man sich der Meinung Erfahrener unterordnen oder kann frischen Wind in eingefahrene Spielzüge bringen.

Beispiel / Forderung

Gerade für Einzelkinder, die in der Familie nicht lernen können, wie man sich in eine Gruppe einfügt, kann der Sportverein sehr hilfreich sein.

Themaanbindung

Daher sollten Jugendliche einem Sportverein beitreten, weil sie dort Verhaltensweisen lernen, die dazu beitragen, auch im späteren Leben zurechtzukommen.

Synthese / Abwägung

Wenn man die Argumente, die gegen eine Mitgliedschaft in einem Sportverein sprechen (Kosten, Zeitaufwand und gesundheitliche Risiken unter bestimmten Bedingungen), mit den Pro-Argumenten (Gesundheitsvorsorge, sinnvolle Freizeitgestaltung und soziale Kontakte) vergleicht, so ist die eine Mitgliedschaft weder generell abzulehnen noch zu befürworten. Es kommt ganz darauf an, ob man lieber alleine Sport treibt oder die Gesellschaft anderer Menschen und den Spaß, den man dabei haben kann, höher bewertet.

Ausblick
auf die Zukunft

Meiner Meinung nach ist die aktive Mitgliedschaft in einem Sportverein eine gute Sache, da man frühzeitig an Sport gewöhnt wird, der einen wichtigen Ausgleich zur Schule und später zum Beruf darstellt. Nicht immer haben die Eltern nämlich Zeit und Lust, ihre Sprösslinge mit den verschiedenen Sportarten bekannt zu machen.
Dies kann aber ein Sportverein unter fachkundiger Leitung von ausgebildeten Trainern leisten.

Wie geht es weiter?

Wenn du das Schema der dialektischen Erörterung beherrschst und an der Ausarbeitung einiger Pro- und Contra-Blöcke erprobt hast, kannst du eine komplette Arbeit mit der Darstellung beider Positionen erstellen.

Das wollen wir mit einem Thema, das sehr häufig diskutiert wird und das ebenso wie das Sportverein-Thema deinem Lebensbereich entspringt, gemeinsam versuchen.

**Ist der Besuch von Tanzstunden heute noch zeitgemäß?
Diskutiere das Für und Wider eines Tanzkurses!**

1 Erfassung des Themas

Im Mittelpunkt des Themas stehen die Begriffe *Tanzkurs / Tanzstunde* und *zeitgemäß*. Du sollst dir also Gedanken darüber machen, ob man heutzutage noch Tanzunterricht nehmen sollte oder nicht. Da dies ein Thema ist, das gerade bei Schülern der 9. Klasse aktuell ist, wird es dir sicher nicht besonders schwer fallen, Argumente für und gegen einen Tanzkurs zu finden. Wähle ein solches Thema dann, wenn du schon Erfahrungen auf dem angesprochenen Gebiet hast. Wenn du nicht Bescheid weißt über Tanzkurse, besteht die Gefahr, dass deine Arbeit zu theoretisch ausfällt.

Die Themafrage ist leicht zu finden:
Soll man heutzutage einen Tanzkurs besuchen oder nicht?

2 Sammlung und Ordnung von Ideen

Hier ein Beispiel, welche Ideen (noch ungeordnet) auf deinem Zettel stehen könnten:

Tanzkurs:

Mädchenüberschuss
Aufregung
Leute kennen lernen
Spaß auf Festen
Kosten
Anfahrt
Tanzen ist gesund
meistens ist es ganz lustig

3 Erstellung einer Gliederung

Da du jetzt schon fast ein Profi im Erörtern bist, gelingt es dir sicher, gleich eine komplette Gliederung zu verfassen. Schau dir erst danach unseren Vorschlag an.

A Einleitung

Angebot eines Tanzkurses in der Schule

B Hauptteil

Vor- und Nachteile eines Tanzkurses

I. Argumente, die gegen den Besuch eines Tanzkurses sprechen

1. Erheblicher Zeitaufwand
   a) für die Tanzschüler
   b) für die Eltern

2. Finanzielle Belastung

3. Organisatorischer Mangel: Überschuss an Mädchen

II. Argumente, die für den Besuch eines Tanzkurses sprechen

1. Förderung der Gesundheit
2. Gelegenheit für soziale Kontakte
   a) Erste Kontakte mit dem anderen Geschlecht
   b) Ernstere Freundschaften
3. Mehr Freude an Festen

C Schluss

Zusammenfassung und Empfehlung eines Tanzkurses

4+5 Einleitung und Schluss

Bei einem Thema wie *Tanzen* bietet sich bei entsprechenden Geschichtskenntnissen ein historischer Einstieg an.

Vor einigen Jahrhunderten waren Gesellschaftstänze ein Privileg der Adligen. Es wurde bei vielen Gelegenheiten und Festen getanzt, wobei es dem einfachen Volk nicht gestattet war, sich diesem Vergnügen anzuschließen.
Doch heute ist alles anders. Gesellschaftstänze kann man in Tanzschulen, die es in vielen Städten gibt, problemlos erlernen.
Da auch an unserer Schule ein Tanzkurs für Schüler der neunten Klassen angeboten wird, stellt sich die Frage, was für und was gegen den Besuch eines Tanzkurses spricht.

Der Kontrast *früher / heute* macht sich ganz gut. Daran kann man noch einen aktuellen Anlass anschließen: An fast allen Schulen gibt es Angebote von Tanzkursen. Sie werden von Tanzschulen angeboten, sodass kaum ein Unterschied besteht, ob man einen Kurs in der Schule oder direkt in der Tanzschule besucht.

Für den Schluss hat sich die Verfasserin unseres Aufsatzbeispiels eine Zusammenfassung der dargestellten Argumente ausgesucht. Da sie gerne tanzt, empfiehlt sie dem Leser natürlich auch den Besuch eines Tanzkurses.

Stellt man nun die positiven und die negativen Aspekte einander gegenüber – vergleicht man also Zeit- und Kostenaufwand sowie organisatorische Probleme mit dem gesundheitlichen Vorteil und der Chance zu sozialen Kontakten beim Lernen der Tänze und bei der späteren Anwendung, so kann man die Teilnahme an einem Tanzkurs durchaus empfehlen. Tanzen macht nämlich wirklich Spaß und ist eine sinnvolle Freizeitgestaltung.

6 Vertextung des Hauptteils

Wenn du den Hauptteil unseres Aufsatzbeispiels auf den nächsten Seiten liest, dann achte besonders auf das konsequent durchgehaltene Aufbauschema. Die Verfasserin bringt zu jedem Argument eine Anbindung an die Themafrage. Das kannst du für dich übernehmen. Achte darauf, dass du immer neue Formulierungen findest. Es ist besser, den Themabezug einmal wegzulassen als immer dieselben Formulierungen zu bringen.

Aufsatzbeispiel

**Ist der Besuch von Tanzstunden heute noch zeitgemäß?
Diskutiere das Für und Wider eines Tanzkurses!**

Gliederung

A Einleitung

Angebot eines Tanzkurses in der Schule

B Hauptteil

Vor- und Nachteile eines Tanzkurses

I. Argumente, die gegen den Besuch eines Tanzkurses sprechen

1. Erheblicher Zeitaufwand
   a) für die Tanzschüler
   b) für die Eltern
2. Finanzielle Belastung
3. Organisatorischer Mangel: Überschuss an Mädchen

II. Argumente, die für den Besuch eines Tanzkurses sprechen

1. Förderung der Gesundheit
2. Gelegenheit für soziale Kontakte
   a) Erste Kontakte mit dem anderen Geschlecht
   b) Ernstere Freundschaften
3. Mehr Freude an Festen

C Schluss

Zusammenfassung und Empfehlung eines Tanzkurses

Ausführung

Historischer Einstieg

Vor einigen Jahrhunderten waren Gesellschaftstänze ein Privileg der Adligen. Es wurde bei vielen Gelegenheiten und Festen getanzt, wobei es dem einfachen Volk nicht gestattet war, sich diesem Vergnügen anzuschließen.
Doch heute ist alles anders. Gesellschaftstänze kann man in Tanzschulen, die es in vielen Städten gibt, problemlos erlernen.

Aktueller Bezug

Themafrage

Da auch an unserer Schule ein Tanzkurs für Schüler der neunten Klasse angeboten wird, stellt sich die Frage, was für und was gegen den Besuch eines Tanzkurses spricht.

Argument

Gegen die Teilnahme an einem Tanzkurs spricht zunächst einmal, dass durch so einen Kurs ein erheblicher Zeitaufwand entsteht.

Beleg

Ein Tanzkurs hat meist eine Dauer von acht bis zwölf Doppelstunden. Dazu kommen noch Anfahrt zur Tanzschule und Rückfahrt nach Hause, was sich bei Jugendlichen, die auf dem Land wohnen, manchmal als sehr zeitintensiv herausstellt.

Folgerung

Das ist für Schüler und Auszubildende, die durch Schule und Hobbys ausgelastet sind, sehr viel, da man ab und zu auch noch ein wenig Erholung benötigt.

Beleg

Auch für die Eltern kann so ein Tanzkurs zusätzlichen Zeitaufwand bedeuten, wenn sie ihre Kinder zur Tanzstunde bringen und von dort wieder abholen müssen.

Themaanbindung

Folglich ist es gut zu überlegen, ob man sich zu einem Tanzkurs anmeldet, wenn absehbar ist, dass sich daraus Stress neben Schule und Beruf ergibt.

Argument

Wichtig erscheint aber auch die finanzielle Belastung, die durch die Teilnahme an einem Tanzkurs entsteht.

Beispiel

Ein Tanzkurs kostet zwischen 120 und 150 DM, wozu noch Fahrtkosten und Kosten für Kleidung und Schuhe kommen können.

Beleg	Für Schüler und Azubis sind solche Summen nicht so leicht aufzuwenden, da das monatliche Taschengeld normalerweise deutlich darunter liegt.
Ergänzender Aspekt	Wenn eine Familie mehrere Kinder hat, sind auch die Eltern nicht immer bereit, einen Zuschuss zu gewähren.
Themaanbindung	Man sollte also genau überdenken, ob ein Tanzkurs seinen Preis wert ist.
Argument	Nicht unerheblich ist ein Kritikpunkt an Tanzstunden, der oft auf der organisatorischen Ebene entsteht – das Ungleichgewicht zwischen tanzbegeisterten Mädchen und Jungen.
Beleg	Bei vielen Tanzkursen gibt es wenige Jungen, aber einen Überschuss an Mädchen. Das hat zur Folge, dass Mädchen entweder mit anderen Mädchen tanzen oder warten müssen, bis auch einmal ein Junge für sie frei wird.
Konkretes Beispiel	In meinem Tanzunterricht gab es zwanzig Mädchen, aber nur zwölf Jungen. Dadurch war von vornherein klar, dass nicht alle Mädchen einen männlichen Tanzpartner bekommen konnten.
Themaanbindung	Dass einem so der Spaß an der Tanzstunde vergehen kann, leuchtet wohl jedem ein.
Überleitung zu Pro	Es gibt aber nicht nur Argumente, die gegen die Teilnahme an einem Tanzkurs sprechen. Man sollte auch die positiven Aspekte berücksichtigen.
Argument	Für die Teilnahme an einem Tanzkurs lässt sich die Tatsache anführen, dass Tanzen gut für die Gesundheit ist.
Beleg	Durch das Tanzen werden sowohl die Muskulatur der Beine als auch der Kreislauf gestärkt sowie die ganze Körperhaltung verbessert.
Beispiel	Dies ist durchaus auch für Jugendliche ein bedenkenswertes Argument. Aus einer Statistik der Zeitschrift „Medizin aktuell“ geht hervor, dass erschreckend viele Menschen schon in jungen Jahren unter Haltungsschäden und Bewegungsmangel leiden.

Themaanbindung	Da heutzutage Gesundheitsvorsorge ein wichtiges Thema ist, sollten Jugendliche unter diesem Gesichtspunkt durchaus auch an Tanzkursen teilnehmen.
Argument	Aber nicht nur der Gesundheitsaspekt spricht für eine Teilnahme. Es darf auch nicht vergessen werden, dass man in einem Tanzkurs die Möglichkeit hat, soziale Kontakte zu knüpfen.
Beleg	Während der Tanzstunden lernt man viele andere Jugendliche kennen, da man ja meist nicht stumm miteinander tanzt, sondern sich dabei unterhalten kann. So ergibt es sich vielleicht, dass man mit dem Tanzpartner außerhalb der Tanzstunde etwas unternimmt.
Konkretes Beispiel	Meine Mutter beispielsweise hat meinen Vater im Tanzkurs kennen gelernt.
Themaanbindung	Die Tanzstunde ist gerade für Jugendliche, die sonst nicht so leicht Freunde finden oder allgemein ihren Bekanntenkreis erweitern wollen, eine gute Gelegenheit.
Ergänzender Aspekt	Das Argument, dass man über einen Tanzkurs soziale Kontakte knüpfen kann, lässt sich noch ausbauen. Denn das ist nicht nur im Tanzkurs möglich, sondern auch darüber hinaus.
Beleg	Man lernt ja das Tanzen, um es später anzuwenden. Bei vielen Anlässen wie Hochzeiten und Geburtstage wird man Gelegenheit haben, sein Können zu zeigen. Man muss dabei einfach tanzen können, um sich mit den anderen Gästen amüsieren zu können. Andernfalls wäre man gezwungen, den ganzen Abend auf seinem Platz zu verbringen und als Mauerblümchen zuzusehen. Es ist doch auch peinlich, auf eine Aufforderung antworten zu müssen, dass man gar nicht tanzen kann.
Konkretes Beispiel	Als ich noch kleiner war, fand ich Familienfeiern, bei denen getanzt wurde, immer schrecklich langweilig. Heute freue ich mich, wenn ich Gelegenheit zum Tanzen habe, da ich es ja kann.

Forderung	Daher sollten sich Jugendliche, die Standardtänze „spießig“ finden, einmal überlegen, wie sich der Ablauf eines Festes positiv verändert, wenn man mittanzen kann.
Fazit / Empfehlung	Stellt man nun die positiven und die negativen Aspekte einander gegenüber – vergleicht man also Zeit- und Kostenaufwand sowie organisatorische Probleme mit dem gesundheitlichen Vorteil und der Chance zu sozialen Kontakten beim Lernen der Tänze und bei der späteren Anwendung, so kann man die Teilnahme an einem Tanzkurs durchaus empfehlen. Tanzen macht nämlich wirklich Spaß und ist eine sinnvolle Freizeitgestaltung.

2 Die dialektische Erörterung für Fortgeschrittene

Nachdem du dich mit den einfacheren dialektischen Themen beschäftigt hast, kannst du dich nun an die etwas anspruchsvolleren Pro- und Kontra-Erörterungen wagen, die im zweiten Jahr deiner Erörterungskarriere auf dich zukommen.

Im Vergleich zu den Themen des ersten Jahres gibt es zwei Unterschiede:

- ✗ Es werden kaum noch Themen gestellt, bei denen ein persönlicher Bezug erwünscht ist. Fragestellungen wie *Was meinst du persönlich?* oder Anweisungen wie *Finde Beispiele aus deiner näheren Umgebung / aus deinem persönlichen Bereich!* kommen selten oder überhaupt nicht mehr vor.

- ✗ Die Themen werden abstrakter, betreffen aber immer noch deinen Lebens- und Gedankenbereich. Es geht um gesellschaftspolitische Bereiche wie zum Beispiel Medien, Umwelt, Computer, gesellschaftliche Werte.

Solche Themenbereiche können schon am Anfang des Erörterns auftauchen. Sie haben dann aber meist den schon erwähnten persönlichen Bezug und werden auf einfacherem Niveau abgehandelt. Da du aber bereits Übung im Erörtern hast, wird jetzt einfach ein wenig mehr verlangt. Aber keine Angst! Was du schon kannst, lässt sich auch auf anspruchsvollere Themen anwenden. Unser Arbeitsplan in sechs Stufen gilt dabei ebenso wie am Anfang.

Werfen wir einen Blick auf ein solches Thema, das du pro und contra diskutieren sollst. Es ist gesellschaftlich relevant, kann dich aber auch persönlich betreffen.

> **Ein bürgerlicher Bildungsanspruch, gestützt auf die alten Sprachen Latein und Griechisch, lässt sich heutzutage kaum noch aufrechterhalten.**
> **Was spricht gegen Latein als Unterrichtsfach am Gymnasium, wie lässt es sich dennoch rechtfertigen?**

1 Erfassung des Themas

Sicher hast du gleich bemerkt, dass der erste Satz (Vordersatz) des Themas nur auf die eigentliche Themafrage hinführen soll. Aber Achtung!

- ✗ Der Vordersatz gibt einerseits Denkanstöße für deine Arbeit: Soll das Gymnasium einem bürgerlichen Bildungsanspruch genügen? Was ist das genau? Offensichtlich hat dieser Bildungsanspruch etwas mit den alten Sprachen Latein und Griechisch zu tun.

- ✗ Andererseits erkennst du bei genauer Betrachtung der Themafrage, dass es in der Arbeit nur um Latein gehen soll. Die Themafrage ist wieder zweiteilig. Der Themensteller hat versucht zu variieren, wir erkennen aber trotzdem leicht die Struktur der Frage:

  Was spricht für und was spricht gegen Latein als Unterrichtsfach am Gymnasium?

Heutzutage ist es klar, dass es bei einem solchen Thema weder um Latein als Wissenschaftssprache noch um Kirchenlatein oder Latein als Studienvoraussetzung geht. Der letzte Aspekt kann aber ganz nützlich werden für unsere Argumentation (oder für Synthese und Schlussgedanken).

Übrigens: Ist dir aufgefallen, dass bestimmte Formulierungen in der Themastellung Aufschluss geben können über die Position des Themastellers zu seinem eigenen Thema? In unserem Fall lässt sich eine leichte Tendenz für Latein erkennen. Gehen wir von fairen Lehrern aus, so ist das aber nichts, was dich weiter beunruhigen sollte. Du baust deine Arbeit so auf, wie du es für richtig hältst, platzierst weiterhin die von dir bevorzugte Position an der zweiten Stelle und machst zum Schluss deutlich, wo du selbst stehst.

2 Sammlung und Ordnung von Ideen

Tipp: Denk beim Ideensammeln vor allem daran, dass du Wendeargumente vermeiden solltest!
Du kannst nicht argumentieren, dass das Erlernen von Latein sehr mühsam ist – und gleichzeitig behaupten, dass ein sprachbegabter Schüler Latein leicht lernen kann. Der Aspekt *Arbeitsaufwand* verführt oft zu typischen Wendeargumentationen.

3 Erstellung einer Gliederung des Hauptteils

Zu den beiden Gliederungstypen kannst du dich – wenn nötig – noch einmal auf den Seiten 77 bis 80 informieren.

Erst nachdem du dir selbst Gedanken zur Gliederung unseres Beispielthemas gemacht hast, solltest du unsere Mustergliederung lesen. Darin sind zunächst jeweils nur zwei Argumente aufgeführt, aber es wurde Wert darauf gelegt, dass diese zwei Argumente in der Ausarbeitung gut belegt sind.

2	Soll Latein weiter unterrichtet werden?
2.1	Argumente gegen die Beibehaltung von Latein als Unterrichtsfach am Gymnasium
2.1.1	Die Zeit, die man für Latein verwendet, könnte für moderne Sprachen genutzt werden
2.1.2	Latein ist in der Praxis kaum anwendbar
2.2	Argumente für die Beibehaltung von Latein
2.2.1	Latein hilft beim Erkennen grammatischer und stilistischer Strukturen
2.2.2	Latein ist die Mutter vieler europäischer Sprachen

4+5 Einleitung und Schluss

Beim Thema *Latein* diskutieren fast alle Schüler sofort mit – und ein Einstieg über den persönlichen Bezug drängt sich geradezu auf. Der Verfasser unseres Aufsatzbeispiels fängt mit einem Schülerausspruch an und weitet diesen dann durch einen Bezug auf die öffentliche Diskussion aus. Der Kreis schließt sich dann wieder beim Verfasser selbst.

> „Das brauche ich doch später nie!" Diesen Ausspruch hört man oft von verärgerten Schülern, die gerade Latein für eine Schulaufgabe lernen und sich mal wieder fragen, warum sie eine Sprache beherrschen sollen, die niemand mehr spricht. Auch in der Öffentlichkeit wird immer wieder darüber diskutiert, ob Latein oder Griechisch am Gymnasium nicht einfach überholt ist.
> Da ich selbst Latein als Unterrichtsfach gewählt habe, möchte ich im Folgenden den Sinn oder Unsinn, den das Erlernen von Latein darstellt, erörtern.

In der Überleitung variiert der Verfasser die Themafrage, indem er von „Sinn" und „Unsinn" des Lateinlernens spricht. Trotzdem folgt dann noch die Themafrage:

> Soll also Latein am Gymnasium weiterhin unterrichtet werden oder nicht?

Am Ende seiner Erörterung wagt der Verfasser einen Ausblick auf die Zukunft und macht einen Vorschlag, wie man Latein für interessierte Schüler retten und gleichzeitig nicht interessierten Schülern einen Weg öffnen könnte, ihr geistiges Potenzial anderweitig zu nutzen.

> Gewiss wird diese Sprache auch in Zukunft ihren Platz am Gymnasium haben. Allerdings wäre es wichtig, mehr Durchlässigkeit zwischen den einzelnen gymnasialen Zweigen zu schaffen, sodass man an Latein vorbei – wenn man das möchte – drei moderne Fremdsprachen lernen kann. Ansonsten werden auch weiterhin desinteressierte Schüler am Lateinunterricht teilnehmen und durch ihre Lustlosigkeit den anderen Schülern den Spaß verderben.

Wenn du nachher beim Aufsatzbeispiel die komplette Gliederung durcharbeitest, fällt dir sicher auf, dass darin vier große Gliederungspunkte enthalten sind: Einleitung, Pro / Contra, Schluss und die Synthese.

Die Synthese ist die Zusammenführung der beiden gegensätzlichen Positionen. Beide werden noch einmal gedanklich erwogen – und der Verfasser neigt einer Seite zu. Es geht dabei nicht darum, die Argumente noch einmal darzustellen; der Leser kennt sie ja schon. Sie werden nur noch einmal angetippt und in Kurzform einander gegenübergestellt. Manchmal greift man auch nur die beiden schlagkräftigsten Aspekte heraus und kommt dann zu einer Verbindung.

Wichtig: Eine Synthese ist nicht bei jedem Thema sinnvoll.
Überlege also genau, ob man zu einer Übereinkunft kommen kann!

In unserem Beispiel sieht die Synthese so aus:

Wägt man nun die Vor- und Nachteile beim Lernen dieser Kultursprache ab, so steht für mich im Vordergrund, dass Latein den Zugang zu anderen Sprachen öffnet. Latein hat zwar seinen direkten praktischen Wert verloren, doch es ist eine Basis, auf der man später aufbauen kann.

Aufsatzbeispiel

Ein bürgerlicher Bildungsanspruch, gestützt auf die alten Sprachen Latein und Griechisch, lässt sich heutzutage kaum noch aufrechterhalten. Was spricht gegen Latein als Unterrichtsfach am Gymnasium, wie lässt es sich dennoch rechtfertigen?

Gliederung

1	Einleitung
	Diskussionen über den praktischen Nutzen der gymnasialen Fächer
2	Hauptteil
	Soll Latein weiter unterrichtet werden?
2.1	Argumente gegen die Beibehaltung von Latein als Unterrichtsfach am Gymnasium
2.1.1	Die Zeit, die man für Latein verwendet, könnte für moderne Sprachen genutzt werden
2.1.2	Latein ist in der Praxis kaum anwendbar
2.2	Argumente für die Beibehaltung von Latein
2.2.1	Latein hilft beim Erkennen grammatischer und stilistischer Strukturen
2.2.2	Latein ist die Mutter vieler europäischer Sprachen
3	Synthese
	Latein ermöglicht den Zugang zu Bildung und Kultur
4	Schluss
	Latein soll auch in Zukunft zum Gymnasium gehören

Ausführung

Einstieg

„Das brauche ich doch später nie!“ Diesen Ausspruch hört man oft von verärgerten Schülern, die gerade Latein für eine Schulaufgabe lernen und sich mal wieder fragen, warum sie eine Sprache beherrschen sollen, die niemand mehr spricht.

Ausweitung

Auch in der Öffentlichkeit wird immer wieder darüber diskutiert, ob Latein oder Griechisch am Gymnasium nicht einfach überholt ist.

Persönlicher Bezug

Da ich selbst Latein als Unterrichtsfach gewählt habe, möchte ich im Folgenden den Sinn oder Unsinn, den das Erlernen von Latein darstellt, erörtern.

Themafrage

Soll also Latein am Gymnasium weiterhin unterrichtet werden oder nicht?

Argument

Gegen Latein als Unterrichtsfach spricht sicherlich, dass man die Zeit, die für Latein aufgewendet wird, einsparen und dafür eine moderne Fremdsprache anbieten könnte.

Beispiel

Beispielsweise wäre es möglich, Latein durch Spanisch oder Italienisch zu ersetzen. So würden die Schüler zuerst Englisch, dann Französisch und danach eine weitere Fremdsprache ihrer Wahl lernen.

Beleg

Das wäre besonders im Hinblick auf das zusammenwachsende Europa wichtig, da umfassende Fremdsprachenkenntnisse die Attraktivität der Arbeitskraft erhöhen.

Argument

In den Diskussionen wird viel vom Praxisbezug der Unterrichtsfächer gesprochen. Wir Schüler wollen oft wissen, welchen unmittelbaren Nutzen ein Lernstoff hat. Da sieht es bei Latein nicht so gut aus.

Beleg

Es ist nicht einzusehen, warum wir eine Sprache lernen sollen, wenn diese Sprache von keinem Volk der Welt gesprochen wird.

Beispiele	Vor 150 Jahren war es noch nötig, Latein zu beherrschen, um wissenschaftliche Arbeiten lesen oder der katholischen Messe folgen zu können. Heute wird die Messe in der jeweiligen Landessprache abgehalten, wissenschaftliche Bücher werden übersetzt oder erscheinen oft in Englisch.
Themaanbindung	Latein hat also in dieser Hinsicht seine Bedeutung verloren.
Überleitung zu Pro	Andererseits gibt es gute Gründe, Latein doch beizubehalten.
Argument	Ein Schüler, der Latein lernt, stellt fest, dass er in höheren Klassen grammatikalische Strukturen in Fremdsprachen oder auch Stilmittel in literarischen Texten viel besser erkennen kann als jemand, der nicht durch die Schule des Lateinischen gegangen ist.
Beispiel	So bildet Caesar in seinem Werk über den Gallischen Krieg Sätze, die über sieben oder mehr Zeilen gehen. Diese Sätze sind sehr „verschachtelt“ und machen Schülern große Schwierigkeiten. Liest derselbe Schüler dann etwa Erzählungen von Thomas Mann, dann kann er mit dessen Sätzen umgehen.
Beleg	So wirkt der Lateinunterricht auch auf die deutsche Lektüre ein.
Ergänzender Aspekt	Man kann vielleicht sogar seine eigenen Texte etwas ansprechender gestalten, wenn man wenigstens noch ein paar Stilmittel im Kopf hat, die auch Caesar angewandt hat.
Argument	Doch das wichtigste Argument für Latein ist, dass viele Sprachen vom Lateinischen abstammen. Diese Sprachen lassen sich viel leichter erlernen, wenn man bereits Lateinkenntnisse hat.
Beleg	So sind sehr viele italienische, spanische oder französische Wörter nur „Weiterentwicklungen“ der sinngleichen lateinischen Ausgangswörter. Wenn man diese „Urwörter“ kennt, fällt es einem viel leichter, sich die Vokabeln der modernen romanischen Sprachen einzuprägen.

Beispiel	So heißt beispielsweise „der Freund“ im Lateinischen „amicus“, im Italienischen „amico“ und im Spanischen „amigo“.
Beispiel	Wenn man im Ausland ist, kann man viele Begriffe – zum Beispiel in Zeitungen oder auf Wegweisern – verstehen, ohne große Kenntnisse der jeweiligen Sprache zu haben.
Konkretes Beispiel	Als wir vor kurzem in Italien waren, konnte ich viele Wörter sinngemäß erfassen, zum Beispiel die Türaufschrift „aperto“ für „offen“, abgeleitet vom lateinischen Wort „aperire“.
Synthese	Wägt man nun die Vor- und Nachteile beim Lernen dieser Kultursprache ab, so steht für mich im Vordergrund, dass Latein den Zugang zu anderen Sprachen öffnet. Latein hat zwar seinen direkten praktischen Wert verloren, doch es ist eine Basis, auf der man später aufbauen kann.
Ausblick / Vorschlag	Gewiss wird diese Sprache auch in Zukunft ihren Platz am Gymnasium haben. Allerdings wäre es wichtig, mehr Durchlässigkeit zwischen den einzelnen gymnasialen Zweigen zu schaffen, sodass man an Latein vorbei – wenn man das möchte – drei moderne Fremdsprachen lernen kann. Ansonsten werden auch weiterhin desinteressierte Schüler am Lateinunterricht teilnehmen und durch ihre Lustlosigkeit den anderen Schülern den Spaß verderben.

3 Die dialektische Erörterung zum Schmunzeln

Zum Abschluss des Kapitels über die dialektische Erörterung stellen wir dir einen Aufsatz vor, der vom Verfasser nicht immer ganz ernst gemeint ist, der sich aber trotz allem genau an die Erörterungsregeln hält. Sehr sprachgewandt und pfiffig gelingt es dem Schüler, einen äußerlich unanfechtbaren Aufsatz zu schreiben. Aber lies selbst …

Aufsatzbeispiel

Schnellrestaurants – moderne Esskultur oder „Junkfood"?
Setze dich kritisch mit dieser Erscheinung unserer Zeit auseinander!

Gliederung

A Einleitung

Einkaufsbummel in der nahe gelegenen Kreisstadt

B Hauptteil

Was spricht für, was gegen einen Besuch in einem Schnellrestaurant nach amerikanischem Vorbild?

I. Vorteile einer schnellen Mahlzeit bei „Max Ronald"

1. Tendenz zur Umweltfreundlichkeit
2. Zentrale Lage der Restaurants
3. Schnelle und unkomplizierte Sättigung
4. Schmackhafte Zwischenmahlzeiten

II. Nachteile eines Essens bei „Max Ronald"

1. Keine Rücksicht auf Vegetarier
2. Lieblos hergestellte Gerichte, serviert von unfreundlichem Personal
3. Schlechtes Preis-Leistungs-Verhältnis
4. Gesundheitliche Bedenken

C Schluss

Gesundes Essen zu Hause

Ausführung

Persönlicher Einstieg	Bei meinem gestrigen Einkaufsbummel in der nahe gelegenen Kreisstadt verspürte ich plötzlich ein leichtes Hungergefühl. Da in dieser Stadt zwei berühmte Schnellrestaurant-Ketten ihre Lokale einander gegenüber angesiedelt haben, hatte ich also die Wahl zwischen „Max Ronald" und „Schlabber King".
Überleitung Themafrage	Als kritischer Zeitgenosse und eifriger Erörterungsschreiber machte ich mir sogleich Gedanken darüber, was für und was gegen einen Besuch bei einem der oben genannten Lokale spricht.
Argument Pro	Worin bestehen eigentlich die Vorteile eines Besuchs bei amerikanischen Fastfood-Restaurants?
Argument	Ein Grund, der in letzter Zeit wieder für „Max Ronald" und Co. spricht, ist die steigende Tendenz zu umweltfreundlichen Verpackungen. Waren diese früher fast ausschließlich aus Kunststoff oder Styropor, so wurden sie nach und nach weitgehend durch Papier und Pappe ersetzt.
Beleg	Damit die Überreste des schnellen Essens nicht auf der Straße landen, stehen jetzt in jedem Lokal Trennbehälter.

Beleg	Dadurch wird der moderne Fastfood-Konsument vielleicht sogar zur Abfalltrennung erzogen, was sich auch positiv auf die Welt außerhalb des Hamburger-Paradieses auswirken könnte.
Argument	Praktisch ist auch die vom Firmenmanagement bewusst gewählte zentrale Lage jeder Filiale.
Beleg	Fährt man auf der Autobahn oder auf größeren Einfallstraßen und bekommt plötzlich Hunger oder einfach Lust auf einen Hamburger – kein Problem, denn dank der guten Beschilderung weiß jeder, dass nur einige Minuten weiter das Gewünschte auf ihn wartet.
Beispiel	Führen wir das Beispiel weiter: Nehmen wir an, der Autofahrer hat es eilig, weil er zu einem wichtigen Termin muss. Nun steht er vor der Wahl: satt oder pünktlich. Fährt er zu einem Fastfood-Restaurant, kann er beides haben. Durch das unkomplizierte System – auswählen, bestellen, bezahlen – hat bald jeder das, was er will. Auch zu Zeiten mit großem Andrang gibt es bei „Max Ronald“ kaum Wartezeiten. Deshalb spricht man ja von Fastfood.
Argument / Beispiel	Schließlich sollte auch noch bemerkt werden, dass unserem fiktiven Autofahrer der verzehrte Hamburger und die mittlere Portion Pommes frites gut geschmeckt haben.
Beleg	Wie mittlerweile allgemein bekannt ist, arbeiten die Schnellrestaurant-Ketten bei der Herstellung ihrer Speisen sehr gerne mit Geschmacksverstärkern.
Argument Contra	Sicherlich gibt es aber auch einige Bedenken, die gegen diese schnelle Art der Nahrungsaufnahme vorgebracht werden können.
Argument / Beleg	Heutzutage ernähren sich immer mehr Jugendliche – Jugendliche sind ja die Hauptkunden der Fastfood-Restaurants – vegetarisch. Auf diese Gruppe wird in Schnellrestaurants kaum Rücksicht genommen.

Beispiel

Ein mit mir befreundeter Vegetarier stößt immer auf Befremden, wenn er dem Personal erklärt, er wolle einen Hamburger ohne Fleisch. Meistens wird er dann auf den Salat verwiesen, der allerdings auch Schinkenstreifen enthält.

Argument

Eine weitere Enttäuschung stellt sich dann ein, wenn man an den Spruch „Das Auge isst mit" denkt.

Beleg

Vergleicht man nämlich die Fotos der Hamburger, die überall in den Restaurants zu sehen sind, so stellt man in einigen Filialen erstaunliche Unterschiede fest.

Beispiel

Kein duftendes, wohlschmeckendes Stück Hackfleisch zwischen zwei knusprigen Brötchenhälften, garniert mit frischem Salat – stattdessen ein labbriges Brötchen, ein Stück Fleisch (wahlweise roh oder angebrannt), etwas Grünzeug und Soße lieblos darauf verteilt. Fertig ist der Hamburger!

Beispiel

Beschwert man sich nun über die Qualität des Angebotenen, so trifft man häufig auf mürrisches und unfreundliches Personal.

Beleg

Seit Jahren ist bekannt, dass die Arbeitsbedingungen in solchen Schnellrestaurants nicht die besten sind.

Argument

Genauso zu bemängeln wie der – zwar erklärbare, aber doch ärgerliche – schlechte Service sind die hohen Preise. Im Preis-Leistungs-Vergleich schneidet die Fastfood-Branche sehr schlecht ab.

Beleg

Wenn man bedenkt, dass man – um richtig satt zu werden – locker 10 DM zahlen muss, so wird einem durchaus keine preisgünstige Nahrungsaufnahme geboten.

Beispiel

Dazu kommt ein Phänomen, das jeder Fastfood-Kunde kennt: Nach spätestens einer Stunde hat man wieder Hunger, da die Fabrik-Hamburger wenig echten Nährwert haben. Man gewinnt den berechtigten Eindruck, viel zu viel für wenig Vergnügen zu zahlen. Na dann: Guten Appetit!

Argument	Der Appetit vergeht einem aber erst recht, wenn man an die Zusatzstoffe in den verwendeten Lebensmitteln denkt.
Beleg / Beispiele	Angefüllt mit Geschmacksverstärkern, Appetitanregern, Phosphaten, Nitraten, Farbstoffen und Konservierungsmitteln kann das moderne Fastfood nur ungesund sein. Auch wenn die Hamburger – wie schon im ersten Teil ausgeführt – bei sachgerechter Herstellung durch die Zusätze besser schmecken, sollte man bedenken, welche Auswirkungen die Chemikalien auf uns haben könnten. Allergien und Unverträglichkeiten sind noch die geringsten Übel, die einem zu diesem Thema einfallen.
Themaanbindung	Man sollte also genau darüber nachdenken, was man überhaupt so isst.
Zusammenfassung	Was lässt sich zusammenfassend über einen Besuch bei „Max Ronald“, „Schlabber King“ oder ähnlichen Restaurants sagen? Von Zeit zu Zeit mag ein solcher Besuch eine willkommene Abwechslung sein, vor allem zusammen mit anderen Jugendlichen.
Plädoyer für Mutters Küche	Aber wenn man daran denkt, dass man zu Hause bei Mutter ein saftiges Steak mit frischem Salat bekommen kann, garantiert kostenlos und gesund, wird man vielleicht doch einen Bogen um das angesteuerte Fastfood-Restaurant machen.

D Zitatthemen

Zwei Zitatthemen hast du bereits im Kapitel *Welche Formen der Erörterung gibt es?* (Seite 9) gesehen. Steigen wir hier gleich mit einem weiteren Beispiel ein:

> **„Es gibt wenig aufrichtige Freunde – die Nachfrage ist auch gering!" (Marie von Ebner-Eschenbach)**
> **Erläutern Sie die Gründe für die geringe Nachfrage!**
> **Stellen Sie die Voraussetzungen für echte Freundschaft dar!**

Zitatthemen sehen manchmal schrecklich anspruchsvoll aus – sie sind es aber nicht, wenn man sie richtig zu lesen weiß. Hierzu einige Tipps:

- ✗ Lass dich nicht abschrecken, nur weil ein Politiker, Wissenschaftler oder Schriftsteller – kurz: eine prominente Persönlichkeit – etwas Schlaues gesagt hat! Auch diesen Zitaten darf widersprochen werden.

- ✗ Oft dienen Zitate nur als Aufhänger für die Erörterung. Die Themenstellung zielt also meist nicht auf die Bestätigung oder Widerlegung des Zitats ab, sondern bietet nur einen Einstieg. Die eigentliche Themenstellung folgt dann hinter dem Zitat.

- ✗ Zitatthemen gibt es bei linearen und dialektischen Erörterungen. Umso wichtiger ist es, den Wortlaut der Arbeitsanweisung genau zu erfassen.

- ✗ Dass Zitatthemen Material für gute Einleitungen bieten, wenn man etwas über die berühmte Persönlichkeit zu schreiben weiß, von der das Zitat stammt, kann man auch als Vorteil sehen.

Nehmen wir nun das Beispielthema dieses Kapitels etwas genauer unter die Lupe.

1 Erfassung des Themas

Bei der Erfassung des Themas ist grundsätzlich jede Einzelheit wichtig. Suchen wir also zunächst nach Hinweisen zur Erörterungsform (linear oder dialektisch):

Die Begriffe *Gründe* und *Voraussetzungen* sowie die Formulierung *Stellen Sie … dar!* weisen in unserem Fall eindeutig auf eine lineare Erörterung hin.
Ähnlich wie bei den schon besprochenen Aufgabenstellungen erhältst du einen Zugang, indem du dich zuerst einmal mit dem Inhalt der ersten Zeile, dem Zitat, auseinandersetzt:

„Es gibt wenig aufrichtige Freunde – die Nachfrage ist auch gering."

Es geht in diesem Fall nicht darum, ob du die Aussage richtig findest.
Du gehst einfach davon aus, dass Marie von Ebner-Eschenbach Recht hat.
Welche Aussagen macht sie?

✘ Es existiert nur eine geringe Anzahl von Menschen, die man als aufrichtige Freunde bezeichnen kann.

✘ Es gibt wenige Menschen, die die aufrichtige Meinung eines Freundes akzeptieren können.

Deine Aufgabe ist es nun, Gründe zu finden, warum nur wenige Menschen bei ihren Freunden Aufrichtigkeit wirklich schätzen.
Danach wirst du dich mit der zweiten Frage auseinandersetzen:

Was sind die Voraussetzungen für echte Freundschaft?

Da unser Beispielthema nicht einteilig-linear, sondern mehrteilig-linear ist, gibt es auch mehr als eine Themafrage. Formulieren wir also gemeinsam die Themafragen:

a) **Welche Gründe für die geringe Nachfrage nach aufrichtigen Freunden gibt es?**

b) **Was sind die Voraussetzungen für echte Freundschaft?**

2 Einleitung und Schluss

Wie könnte eine Einleitung zum Thema *Freundschaft* aussehen? Eine gute Möglichkeit bei Zitatthemen ist der Einstieg über eine Begriffserklärung oder Definition:

Das althochdeutsche Wort „friunt“ bedeutete ursprünglich „der Freiende, Freier“, daher hat „friunt“ später auch die Bedeutung „Verwandter“. Ein Freund gilt laut Lexikon als Wohlgesinnter, Genosse, Verbündeter. Die letzte Bedeutung liegt beispielsweise vor, wenn man von „befreundeten Staaten“ spricht.
Freundschaft im privaten Bereich lässt sich so umschreiben:
Ein Verhältnis zwischen Menschen, das auf gegenseitige Achtung, Vertrauen und Treue gegründet ist.

Wenn dir ein so „gelehrter" Einstieg bei der Prüfung nicht einfällt, empfehlen wir den Einstieg über das vorgegebene Zitat:

„Es gibt wenig aufrichtige Freunde – die Nachfrage ist auch gering“. Dieser Ausspruch von Marie von Ebner-Eschenbach, einer Schriftstellerin des 19. Jahrhunderts, wirkt auf den modernen Leser erstaunlich zeitgemäß. Es scheint, als hätten sich die Einstellungen der Menschen zur Freundschaft in den letzten hundert Jahren kaum verändert. Damals wie heute besteht Interesse an anderen Menschen und damit an freundschaftlichen Verbindungen.

Das schaffst du, auch wenn du wenig über die berühmte Persönlichkeit weißt.

Hier ein paar Zusatzinformationen über Marie von Ebner-Eschenbach: Sie ist eine österreichische Autorin des 19. Jahrhunderts. Ihre Werke werden der Epoche des Realismus zugerechnet. In Romanen und Erzählungen schreibt sie über Adel und Bürgertum in Wien, aber auch über das bäuerliche Leben in Mähren. Ihr Interesse gilt menschlichen und sozialen Problemen. Eines ihrer bekanntesten Werke ist die Erzählung „Krambambuli".

An die Einleitung schließen sich Überleitung und Themafrage an:

> Damals wie heute stellt sich die Frage, warum aufrichtige Freunde kaum gesucht werden. Zunächst soll der Versuch unternommen werden, Gründe für die Oberflächlichkeit und Unaufrichtigkeit in Freundschaften aufzuzeigen.

Und wie sieht ein guter Schluss aus? Bei unserem Beispiel sollten die Themafragen im Hauptteil hinreichend beantwortet werden. Der Verfasser wirft deshalb einen Blick auf gesellschaftliche Tendenzen. Das behandelte Problem wird also um die gesellschaftliche Dimension erweitert, die im Hauptteil nicht unbedingt zur Sprache kommen muss:

> In der Realität allerdings scheitern echte Freundschaften meist schon an den Rahmenbedingungen. Ein Hindernis für aufrichtige Freundschaft ist oft die egozentrische Freundschaftsauffassung vieler Menschen. Moderne gesellschaftliche Trends tragen hierzu sicherlich ihren Teil bei, indem sie egoistische Verhaltensweisen fördern. Soziale Tugenden werden als Schwäche ausgelegt. Auch die Schnelllebigkeit unserer Zeit schadet der Freundschaft, die ja von Beständigkeit lebt!

Abschließend noch ein Zitatthema, bei dem der Urheber des Zitats nicht genannt wird:

> „Man ist nicht nur für das verantwortlich, was man tut, sondern auch für das, was man nicht tut."
> Diskutiere, inwiefern diese Behauptung zutrifft!
> In welchen Fällen ist man nicht verantwortlich?

Hier wird es nicht darum gehen, eine dialektische Erörterung aufzubauen, sondern eher darum, durch Fallbeispiele aufzuzeigen, wann die Behauptung zutrifft und wann nicht.

E Auf einen Blick

1 Was ist bei einer Erörterung zu beachten?

1 Schreibe so, als wolltest du dem Leser eine objektive Beurteilung ermöglichen und ihm eine Entscheidungshilfe an die Hand geben.

2 Denk daran, dass der Leser deinen Behauptungen folgen soll. Das gelingt am besten durch nachvollziehbare Begründungen.

3 Achte darauf, dass der Bezug zum Thema immer erkennbar bleibt.

4 Kläre sorgfältig den Aufgabentyp, bevor du nach Themabegriff(en) und Themafrage(n) suchst.

5 Ordne deine Gedanken nach Ober- und Unterbegriffen. Kontrolliere auch hier immer den Themabezug.

6 Beachte, dass die Anordnung deiner Argumente in der Gliederung dem Prinzip der Steigerung gehorchen soll.

7 Formuliere so ausführlich, dass der Leser deine Gliederungspunkte versteht. Bleib konsequent bei einem Gliederungsstil (ganze Sätze oder Stichpunkte).

8 Achte darauf, dass eine dialektische Gliederung These, Antithese und oft auch Synthese enthält.
Pass auf, dass deine Ausführung auch wirklich über die Gliederung hinausführt! Es geht nicht an, dass du die Gliederung nur mit wenigen Worten auffüllst.

9 Formuliere so, dass deine Sprache sachlich, objektiv, klar und deutlich ist. Sie soll anschaulich in den Beispielen sein, aber nicht erzählend, nicht schildernd. Der argumentative Charakter der Textart muss immer gewahrt bleiben.

10 Vermeide phrasenhafte Formulierungen, Übertreibungen, vorschnelle Urteile, pauschale Andeutungen und unklare Bezüge.

11 Denk an den Rahmencharakter von Einleitung und Schluss.
In der Einleitung muss der Leser angelockt werden, der Schluss rundet deine Überlegungen ab.

2 Mit diesen Themen kannst du üben

Zum Schluss noch einige Themen, mit denen du die Erörterung trainieren kannst.

Fertige jeweils mit Hilfe der in diesem Buch beschriebenen sechs Arbeitsschritte einen ausgeführten Aufsatz mit passender Gliederung an. Absätze und Überleitungen dabei nicht vergessen!

→ Themen für Einsteiger

- ✗ Inlineskaten – bei Jugendlichen beliebt, bei Erwachsenen eine umstrittene Sportart.

  Welche Gründe gibt es für das stark anwachsende Interesse an dieser Sportart und welche Gefahren birgt sie bei aller Beliebtheit?

- ✗ Legale Droge Alkohol – für jeden Jugendlichen problemlos erreichbar.

  Zeige die Folgen übermäßigen Alkoholkonsums bei jungen Leuten auf!

- ✗ Viele Jugendliche ziehen heutzutage sehr spät von zu Hause aus.

  Was spricht dafür, was dagegen?

Themen für Fortgeschrittene

- Sport ist heute nur noch ein Geschäft, mit dem sich viel Geld verdienen lässt.

  Diskutiere diese Behauptung!

- Computer für Jugendliche:
  Erörtere Vor- und Nachteile!

  Beziehe dabei eigene Erfahrungen mit ein!

- Autofahren belastet die Umwelt. Trotzdem fahren Deutschlands Autofahrer nicht weniger

  Erörtere technische und politische Möglichkeiten zur Reduzierung des privaten Autoverkehrs!

  Stelle auch mögliche Probleme bei der praktischen Umsetzung dar!